現場と学問のふれあうところ

Muto Takashi 無藤 隆

教育実践の現場から立ち上がる心理学

新曜社

はじめに

本書は、教育心理学の研究者がいかにして心理学と教育実践の現場とを結びつける試みを行ってきたかの一つの報告である。それが同時に、学問と現場という相互につながり、支え合う関係を求めつつ、しばしば離反し対立せざるを得ない二つの極のあり方への提言となるように意識して論じた。一般論はいくらでも言えるだろうし、その議論はすでに枚挙の暇もない。その論を何とかその問題意識を常に持った研究者の試みから検討できないかというのが本書の基本的なスタンスである。

学問の分野としては筆者の専門である発達心理学・教育心理学であり、現場とは幼児教育・小学校教育となる。また時代としては１９７５年から２００７年の30年間ほどの日本の教育の動向の中での試みである。出来る限り、私が考え行ってきたことに即すことと、その時代的、社会的、制度的また学問的制約を明確にしつつ、論じようとした。

それが他の同様の試みをしている研究者にも当てはまるかどうかは分からない。学問の分野が多少でも違えば（たとえば、教育学であるとか社会学であるとか）、またずいぶんと異なる展望が見えているものなのかも知れない。ただ、そういった一般論もまた、個別の十年単位の努力の事例を重ねる中でしか現れてこないだろう。その意味では、本書は現場に関わろうとする学問の確立への試行錯誤の過程を記したものでもある。何が成功か失敗かも私には見えていない。混沌とした中に少しでも筋を作り出し、先を見えるようにしたいともがいてきたというのが正直なところである。

だが、その結果として、多少の提言も出来るし、しなければならない時期にも来たと思う。何より、こういった現場と学問の狭間に立って真摯な努力を続ける若い世代が増えてきたからである。むしろ、その勢いに押されて、私は自分の仕事をこれまでかろうじて続けてこられたと思う。だから、少しは整理を行い、何か返すべきだろうと思ったのである。

そのことは同時に、私が関わってきた教育の現場で働く実践者たちにも感じるところである。個別に助力もし、研究成果を戻すこともやってきたけれど、いったい全体として何を私が試みてきたかを話す機会はこれまでなかなか持てないでいた。その意味では、本書はそういった現場の仲間への感謝の意味も込めて書いている。むろん、その中身が私の志向の中で大いに偏っているではあろうと思うけれども。

すなわち、本書は、学問と実践現場の関係への一つの報告であり、またその関係のあり方への提言であり、さらに日本の教育界と教育研究のあり方への意見の表明である。何はともあれ、私はこのように考えてきたのである。

本書の元々は東京大学教育学部での講義ノートに基づいている。機会を与えていただいた秋田喜代美教授に感謝申し上げる。また、講義に出て、私を励ましてくれると共に、ノートの整理を手伝ってくれた塚崎京子さんと齋藤久美子さんにお礼を申し上げる。また何より本書の元となるアイディアを頂戴し、また出版を可能にしていただいた新曜社の元編集部の松田昌代さん、また現編集部の塩浦暲さんにはお二人の提言なしにこういった試みをすることを思いつきもしなかったであろうという意味でも、原稿を読みやすくしていただいたという意味でもご助力いただいた。そして何より、共同研究者や観察・関与の現場の実践者の方々にお礼を申し上げたいと思う。非力な私の関わりを認めていただき、そこから少しずつ私が理解を増す様子を寛容に待っていただいたことが何よりありがたいことであった。お名前を列記するのはあまりに多すぎて省かざるを得ないのが残念であるのだが。

なお、本書の注釈は最小限にとどめてある。日本語の文献があればそれを示した。

無藤　隆

目　次

装幀＝難波園子

第1章　教育心理学の「不毛性」を超えて

これから本書で、幼児教育・小学校教育を中心に、教育の現場に関わりながら研究していくということはどういうことか、どういう形でありうるかを、述べていきたいと思います。

私自身は教育心理学や発達心理学を研究していますが、保育・幼児教育と小学校教育にかなり関わりをもつスタンスでやってきました。そういう自分の研究の過程を振り返りながら、考えていきたいと思います。全体として、保育・教育現場に研究者がどのように関わるなら、実践に役立つとともに研究としても成り立たせることができるかについて考察していくことになります。そのためにはいろいろなアプローチがあるわけで、どれが正しいということはないと思います。ただ、私なりに考えてきたことを解説しながら、いささかパーソナルなやり方と考え方を述べていきたいのです。

このテーマは学問の分野で言うと、「教育心理学」ということになると思います。実践に関わる教育学や教育社会学の一部とも関連してくるでしょう。教育への学問的アプローチが、心理学・社会学などの学問の分野を超えて横断的に成立しつつあるという状況もあります。

この章では、まず日本の教育心理学を振り返って、今日までの流れを整理しておきます。できる限り、心理学・教育学、また実践現場の中での問題と、そこでの研究のしかたに沿って述べたいと思っています。教育心理学や教育学のテキストがいろいろと出版されていますが、現実には、本には一切書かれていない事情があります。そういう日本の現実の中で教育の実践も学問も展開されるので、そういう実情も報告したいと考えています。

教育心理学の成立

ここでいう教育心理学というのは、大学の学科としての教育心理学を指しているのではなく、教育に対する心理学的なアプローチ全般を言っています。また心理学ということばをかなり広い意味で使っているので、社会学や教育学と相当重なってくるでしょう。

教育心理学という学問の国際比較をした研究はたぶんありませんのでいろいろな学会に参加した印象ですが、教育心理学の位置づけは国によって少しずつ違います。特にアメリカを中心とした教育心理学と日本における教育心理学の位置づけは、相当に異なっています。

日本の心理学の歴史的検討は戦前から昭和20年代ぐらいまでしか進んでおらず、その後の展開はまだ分析されていませんが、私の経験として知っているのは昭和40年代以降についてなので、そこについてお話ししたいと思います。その頃、心理学の世界は基本的に実験心理と教育心理の対立でできあがっていました。

昭和40年代から50年代、心理学は今ほど広まっていませんでしたので、基本的に心理学を教えられる大学、特に大学院までしっかり教育できる大学は、おおざっぱに言って旧帝大、筑波（教育大）、広島、私学で言えば早稲田、慶応、ぐらいだったでしょう。特に、東大を中心とした心理学が日本の心理学の研究全体に占める影響力は、今とは比べものにならないほど大きなものがありました。その頃は、東大の文学部の心理学は実験心理中心で、東大の教育学部の心理がいわゆる教育心理というふうになっていました。当時の教育心理とは何かというと、今もそういう傾向がありますが、要するに実験心理以外を教育心理と呼ぶという、「その他」のニュアンスが強かったと思います。つまり、典型的な実験心理に入らないものすべてということです。中心の一つは、統計を中心としたテスト理論や質問紙作成です。どうしてかというと、質問紙は心理学者が反応を記録するのではなく被質問者が考えて答えますから、そういうものは昔は心理学の対象ではなかったのです。質問紙研究とその数字データを処理する技法である統計学は密接に関連しているので、統計学も教育心理の一分野でした。

教育心理学のもう一つの分野が教育実践を含む応用心理学です。応用心理学というのは要するに実際に役立つことを考えるということです。実験心理を中心としたものを基礎心理学と呼び、それに対する応用ということです。この中にどういうものが入っているかというと、いわゆる学校教育や障害児教育、それから産業心理、非行心理、犯罪心理などの領域です。基本的に１９６０年代には、こういうものが教育心理学と呼ばれていました。

そういう状況にあったところに、１９７０年前後になって認知心理学が入ってきました。認知心理学がいつ成立したかについてはいろいろな意見がありますが、１９６８~１９７２年ぐらいと言ってよいと思います。1967年にナイサーという人の『認知心理学[*]』という本がアメリカで出たのです。この本はアメリカのみならず、世界中にショックを与えました。私も学部生のときに読んでショックを受けました。なぜかというと、その頃、実験心理学・基礎心理学はほとんどが行動主義の影響下にあって、刺激反応理論（SR理論）が強かったのですが、ナイサーはそれに抗して、ゲシュタルト心理学の考え方を大幅に取り入れたのです。そして、人間が思考するということはどういうことかという、これまで心理学でタブーとされていた問題を正面切って取り上げました。ナイサーがそうしたのは単なる個人的趣味ではありません。彼の本が世界中の心理学に大きな影響力をもったのは、もちろん、その前から認知的なアプローチが少しずつ進行していたからなのです。ガードナーの『認知革命[**]』という本を読むと、1950年代後半ぐらいから認知革命の流れが出ています。たとえば1957年に、有名なチョムスキーの『文法の構造[***]』が刊行されています。あるいは1963年ぐらいだと思いますが、チョムスキーと行動主義の大家、スキナーとの有名な論争があったり、ということで、少しずつ認知革命が進行していたのです。その流れを決定的なものとしたのが、ナイサーの本でした。

1970年代前半には認知心理学を中心として、特に文章理解の研究がたくさん出てきます。認知心理学が日本に導入され始めたのは、この頃でした。ちなみに、そのときの導入の立役者のひとりが、佐伯胖さんです。東大の場合は、どちらかというと、こういう動きは教育心理や学校教育などの学科を中心として、急激な展開を示しました。

これと並行して、応用心理学の流れから臨床心理学が少しずつ自立して、独自のフィールドを作るようになります。これは日本におけるカウンセリング、心理療法が確立してきた時期です。1960年代から

70年代前半は、ちょうどロジャースのクライエント・センタード・アプローチが日本に導入されて普及した頃です。こういう形で、教育学部の方は大きな展開期となっていました。

こういう流れの中で、1980年前後以降、教育心理学に活発な展開が見られるとともに、実験心理にも認知科学の影響が及ぶようになります。2000年代に入った現在は、心理学は量的にも大幅に拡大し、たとえば障害児の心理がそれだけで独立した領域になるなど、さまざまな個別的領域が自立してきます。その結果、いわゆる教育心理が狭い意味での「教育心理学」として成り立つようになってきました。認知心理学は認知科学の一部として展開するようになり、特に1990年代以降、もはや実験心理と応用的な心理という区別は意味がなくなって、多くは認知科学あるいは認知心理学として認識されるようになりました。

不毛性論争から

こういう流れの過程で、教育心理学の「不毛性」という議論がたびたび論じられてきました。「不毛

＊U・ナイサー（1967）／大羽蓁訳（1981）『認知心理学』誠信書房

＊＊H・ガードナー（1985）／佐伯胖・海保博之監訳（1987）『認知革命——知の科学の誕生と展開』産業図書

＊＊＊N・チョムスキー（1957）／勇康雄訳（1963）『文法の構造』研究社出版

性」とはどういう意味かというと、教育心理学が実際に教育現場に役立つか?という疑問です。この「不毛性」をめぐっては、1960年代からたぶん90年代前後ぐらいに繰り返し、教育心理学会その他で検討されてきたように思います。今振り返ってみると、確かに教育心理学はあまり役立つものではなかったのですが、それにはいくつか理由があるでしょう。基本的には「基礎‐応用」という枠組みがあって、これが不毛性を生んでいたのだと思います。心理学の基礎的な法則があり、それをいろいろなところに応用していく、それはあるときは教育であり、あるときは障害児である、あるときは会社の人事である、またあるときは犯罪者の矯正の問題である等々、そういう具合にさまざまな分野に基礎的な法則を応用していけばよいのだ、という考え方が「基礎‐応用」という発想です。もちろん今でもこういう考え方は生きています。一般的に言うと、基礎的法則さえあれば、あとはそれらの基礎的法則を知っている人間がどこかに行って助言すれば役立つ、というきわめて楽観的な見通しが、心理学の初期にはあったのでしょう。けれども、それは無理だということが、すぐにわかったのです。

今でも教職課程には必ず教育心理学ないしそれに相当する授業があって、学生に教えられていますが、それらは勉強するにこしたことはないにしても、現場とは関係ない、というのが、多くの学校現場の教員の見方です。また教育心理学者が現場に行っていろいろ話しても、みんなうやうやしく聞くけれども、会場を一歩出れば忘れている、ということだったと思うのです。そういうわけで「不毛性」の議論は、「基礎‐応用」という関係を変えていく必要があるということだったのだろうと思います。

「基礎 - 応用」の枠組みを変えていく

では、それはどのように変え得るでしょうか。一つは、基礎部分をもっと高度化して、視野を広げていくことです。これが先ほど言った認知心理学、あるいは認知科学の展開の中で進められてきたことです。たとえば、国語の授業では普通、「笠地蔵」とか「スイミー」など、教材にもとづいて教えています。小学校の先生は、こういう教材を使いながらどう発問したら子どもに理解してもらえるだろう、ということを考えるわけです。それに対して教育心理学者は、以前はほとんど提供できるものがありませんでした。事実を聞く質問と思考をさせる質問を組み合わせたらよいのではないかくらいのことは、言えたでしょう。そういうことも知らないよりは知っていた方がよいとは思いますが、こういう茫漠としたことを言われても、教育の現場では困るわけです。

また、文章理解で言えば、三十数年前には文章理解の研究というのは単語を対象としていました。今でももちろん単語レベルの研究もありますが、それがしだいに文に変わり、文と文の関係が扱われるようになり、それから文章（ディスコース、つまり文のまとまり）全体にまで広がっていくという展開がありました。これが1970年代に生じたことです。文が三つとか四つとか五つとかつながった一つの段落の意味理解というものが扱えるぐらいに、基礎研究が成熟してくると、多少授業などの実際につながるようになります。

現場の複雑さの発見

応用する先の現場が大変複雑であるという問題もあります。現場は、教師自身の問題、子どもの側の問題、制度的な問題等々、いろいろな要素が絡み合って複雑なのです。

特に1980年代以降ですが、状況というものが非常に重要な意味をもつ、というとらえ方がしだいに心理学の中に広がりました。ここで言っている状況というのは、「状況認知（situated cognition）」というときの状況です。この situated というのは、「situation（状況）」の動詞形ですが、その状況の中に入り込んでいる、組み込まれている、という意味合いです。それまで、認知心理学や認知科学の研究の多くは、実験室に被験者を連れてきて、今だったらパソコン画面上に刺激を呈示してボタンを押させたり、何か言わせたり、あるいは脳波をとったり、という実験スタイルをとっていました。それは基本的に、入る刺激に対しての反応をとるという、心理学の伝統的なスタイルを踏襲していました。それに対して、状況認知の考え方は、実験室という環境にいるというだけで、人間の認識は他の状況にいる場合と変わってくるという批判をしたわけです。

これを学校との関連で言えば、通常教室では、生徒と先生によって学習活動が展開します。それはたとえばパソコンで問題が提供されたりヒントが与えられたりして被験者である学習者が答えを出すという場面とは、いろいろな意味で著しく異なっているだろうという指摘です。あとから振り返れば当たり前のことが、まじめに議論されていたわけです。たとえば、1980年代ぐらいに有名になった、マクダーモットという人の研究があります。[*] 彼は学習障害の子どもの教室での様子を、ビデオに撮影して分析しました。これは日本のいろいろな大学の教科書にも紹介されているほど有名な研究です。学習障害の子が問題を先生に与えられてうまく答えを書けずに、教室をうろうろしながら他の子のやっているのを見たり、ちょっと教わったり、こづかれたりしながら、まあなんとかやっているところを分析して、要するに、人から助けてもらったり、まわりにあるヒントを使ったりしているということを指摘したのですが、こういう話を学校現場の先生にすると、たいてい、「そういうのって普通そうでしょ」という感じで、驚かないのではないでしょうか。むしろ、心理学者がそういうことをまじめに言うことに驚くかも知れません。

他の人と助け合いながら解けるとか、まわりの人に教えてもらって解けるというのは、本人の能力そのものとは言えません。たとえば試験のとき、辞書を引いたらいけない、隣の人の答案を見たらそれはカンニングで違反だから、それもいけないとされます。そういう試験のやり方には、ヒントなしでこそ本人の能力をよりよくとらえ得るという想定があります。そして、多くの認知科学者はそう考えていたわけです。しかし、状況認知という考え方ではそうではありません。人間の能力というのは状況と込みだ、ということです。そうすると、たとえば、まわりの人と協力しない条件というのがおかしい、まわりの人と協力で

＊McDermott, R.（1993）The acquisition of a child by a learning disability. In S. Chaiklin, & J. Lave (Eds.), *Understanding practice : Perspectives on activity and context* (pp. 269–305). Cambridge, UK : Cambridge University Press.
（なお、元々は１９７６年のスタンフォード大学の博士論文であり、これが流布していた。）

きない、あるいは協力するとカンニングと呼んで処罰するようなテスト空間がおかしいのであって、そういうふうにして人間の能力を測れるという想定が間違っていることになります。もともと人間というのは互いに協力し、まわりのさまざまなものを使うようにできている、ということです。最近はこのまわりのものをリソース（「資源」）と呼んだりしていますが、そういうさまざまな資源を活用できる力の育成が重要だというように、教育のとらえ方も変化しつつあります。

状況認知という考え方が入ってくると、その状況のあり方が重要になってきます。どういう教育空間であるか、どういうふうに子ども同士の相互作用を可能にしていくかということです。まして指導法まで含めれば、状況の問題はさらに重要になります。これはきわめてリアルな問題であって、日々の教育実践の中のささいなこととも直結しています。たとえば、授業中の子ども同士のおしゃべりを許すのか許さないのか、という基本原則一つとっても、そう簡単ではないのです。おしゃべりさせた方がよいのではないかとか、あるいは立ち歩くことを学級崩壊だの混乱だのといって問題にしますが、適当に立ち歩いて他の子とやりとりした方がよく学ぶのではなかろうかという考えもあるわけです。どちらが正しいかは別として、教室を支配するそういったさまざまなルール、教室において機能している規範も含めて、状況を分析していくというアプローチが出てきました。

状況を視野に入れるとなると、これには大きな文化差があります。日本、アメリカ、あるいは他の国でも、学校というのは一つの近代的な装置であって、その装置は共通ですが、しかし実際のやり方は相当に違っていて、そういうことまで含めて、よくよく見て差異や共通性を探し出していかなくてはならないということになります。

なお、さらに以上のような知見を教室、授業に持ち込み、実際にデザインして検証するアプローチが発展し、「学習科学」として展開しつつあります[*]。

教室と教師の分析へ

もう一つの変化が、教師への注目です。たとえば、「反省的実践者（リフレクティブ・プラクティショナー）」というとらえ方があります。リフレクティブは反省する、振り返る、内省する、プラクティショナーは実践者です。これはショーン[**]という、もともとは経営学者ですが、その人の理論のかなめとなる概念で、要するに、熟達した実践者というものは、いろいろなことを知っており、非常によくわかっていていろいろな知識を使っているのだけれども、たいていは自分たちが使っている知識をうまく言語的に明示できない、という事実から出発しています。

そこで、現場で実践者が知っているはずの暗黙の知識を研究者が取り出して、記述するという取り組みが生まれます。さらに、実践者自身が自らの知識を取り出せるように、リフレクションすること、つまり

＊Sawyer, R. K.（Ed.),（2006）*The Cambridge handbook of the learning sciences.* Cambridge, UK : Cambridge University Press.

＊＊Schon, D.（1983）*The reflective practitioner: How professionals think in action.* Basic Books.（部分訳が出版されている。佐藤学・秋田喜代美訳（２００１）『反省的実践家は行為しながら考える』ゆみる出版）

反省する働きを促進していこう、というやり方が生まれます。たとえば、教員養成において、実践者自身が自分の実践を振り返り、分析して、それを改善する力をもつように支援していこうとします。

こういう教師研究のアプローチは、「基礎 - 応用」というアプローチとずいぶん違うものになります。つまり「基礎 - 応用」の考え方には、基礎を示す側が本当のことを知っているという想定があります。応用の側はよくわかっていないわけで、だから基本的に基礎側が応用を啓蒙していくことになるわけです。最近、啓蒙ということばは啓発と言い換えられたりしますが、むしろこの場合は啓蒙の方が適切で、暗闇にいる人間に光を照らしてあげて明るくし、世の中が見えるようにしてあげるという意味です。光を照らすのは正しい知識を知っている基礎研究側であるという発想です。しかしリフレクションの考え方では、そういうことを否定します。教師はよく知っており非常に優れているのだけれども、必ずしもそれをうまく言語化できないので、研究者がそれを言語化する、あるいは教師は自らの実践を振り返る力をもっているのだけれども、ただし初心の人はもっていないだろうから、ベテランの人の知恵を初心の人に伝えながらリフレクトできるような力を育て、そのことを研究者が手伝うという発想です。

子ども研究の進展

三番目が子ども研究の進展にともなう、子どもについての考え方の変化です。これは私の専門です。まず、発達研究の流れについて、主に教育との関連で述べましょう。

発達研究は、普通、認知発達と社会情動的な発達の研究に分けられるのですが、認知発達研究は、19

70年代から90年代頃、発達心理学の中心的位置を占めながら、教育との結びつきを強めてきました。最近は社会情動的な発達研究がかなり進み、これも教育との結びつきが出てきています。

認知発達研究の中での子ども研究について言うと、特に大きな影響があったのは、誤概念理論と素朴理論（ナイーブセオリー）です。これらが1980年代後半から90年代の認知発達研究の中心をなしていました。たくさんのことが発見されました。誤概念というのは英語で言うとmisconceptionですが、つまり誤った考え方です。たとえば、諸所で引用されている非常に有名なものの一つに、ものを放り投げると上がってから落ちてきますが、そのときに働いている力についての人々の誤概念の研究があります。上に上がるときには上向きの力が働いていると思う人が多く、特に大学入試で物理をとってない人は結構間違えます。この間違いが起きやすいのは、物理学で定義する力と日常的に感じる力が概念的にずれているためです。念のために言っておくと、上に放り投げたときには初速が与えられるだけで、常に働いている力は重力による下向きの力だけです。しかし、上向きの力が働いているという誤概念を、子どもたちだけでなく大学生も含めて、多くの人がもっていることが見いだされました。

このとき、伝統的な教育は、子どもは何も知らないのだから正しい知識を教えるというものでした。心理学の教育へのアプローチとしては、子どもは知らないので、そこに正しい知識を入れ、子どもはその知識を覚えるというモデルになります。こういうとらえ方に対して、誤概念の研究が示しているのは何かというと、そうではない、子どもはすでにいろいろなことを知っていて、しかもそれなりに組織化されている。それはわりと正しいけれども相当間違っていたりもする、ということです。力の概念については、小学校低学年や中学年ぐらいでも、「力とは何か」というある種の感覚がありなんとなくわかるのですが、その知識はニュートン力学でいうところの力とは違うわけです。したがって、教育というのは何も知らない人に正しい知識を教えるということではなくて、その人がすでにもっている概念をより科学的で妥当な概念に変換すること、つまり、何もない白紙状態に対して何かを与えるのではなく、△のものを○に変えることだ、というふうに考えるのです。

人がすでにもっているこういうそれなりに一貫した物の見方を心理学では素朴理論と言いますが、1980年代後半から90年代における研究で、乳児や幼児でも、相当いろいろなことがわかっているという発見がありました。子どもはすでにいろいろな知識をもっていて、それは世界中どの子どももあまり変わらず、教育やもっと広く環境は、そこに少し違うものを入れて作り変えるのだと考えます。すでにもっている基本的なものの上に、それを作り変える新たなものを積み上げていく、という考え方です。

数えることの発達

どう積み上げていくかの問題は、ただいま現在の、2000年代の研究課題です。たとえば、小学校の先生と話してもなかなか理解してもらえないのですが、小学校1年生の1学期に足し算を教えますが、本当の意味では何を教えているのか、ということを考えてみましょう。1年生の1学期の授業を見たことがなくても、だいたいは想像できるでしょう。りんごが5個あります。さらにりんごを3個もらいました、全部でいくつかな。数えてみると、8個あります。それを書いてみましょう。ほら1、2、3、～これは「3」と書くんだよ、とか、こういうのを合わせることをこういう印（＋）で書くのだよ、とか、答えはこういうふうに、ここに書くんだよ。これを縦に書いてみるとこういうふうにも書けるよ、ということを教えるわけです。小学校1年生を担当する小学校の先生は、こういう形で算数を考えています。つまり、数えて合わせるという足し算を教えているとと思っているわけです。

ところが発達心理学的に見ると、小学校1年生の先生は別に足し算を教えてはいないのです。では何を教えているのかというと、子どもがすでに知っている足し算を表記するしかたを教えているのです。この二つ、つまり足し算そのものとその表記法とは違うことなのです。どうしてかというと、1年生の授業を見ればわかりますが、りんごが5個あってまた3個あったらいくつかなと子どもに尋ねると、大多数の子どもは「8」だと、瞬間的にわかっているのです。つまり認知心理学的な言い方をすると、かけ算で言う九九表に相当する足し算の九九表みたいなものを、多くの子はすでに日常生活の中で覚えているのです。一部の子どもは1年生の1学期だと多少指を使いますが、だいたいの子どもはそらでできます。つまりすでに幼児期に、足すということはできているのです。では、1年生の1学期は何をしているかというと、5と3を合わせたら8になるということについて、それは学校ではこう書くんだよ、という書き方を教えているのです。複雑な計算になると暗算では対応できないので、こういう書き方がちゃんとできることが必要なのです。ただ、最初の段階、特に1桁の範囲では、別にこういう書き方をしなくても答えはわかります。だから5+3はいくつかな、というときに、子どもは答えを知っているのですが、1年生の算数の授業ではまず、まだ、答えは言うな、君たちは答えをわかっているだろうけれども、まだ言うな。先生がこう書くから、こうふうにやって、それから答えを書くのだよということを教えているわけです。授業では、単純に先生の問題に対して子どもが答えを言うと思ってはいけなくて、しばしば答えを言わないことが求められているのです。その良し悪しは複雑な問題ですが、そうことがあります。

さて、では、足し算は、どういうふうにして成長してくるのでしょうか。一気に乳児にまで戻ると、乳児でもある種の足し算ができます。たとえば1と2が合わされば3になるということがわかります。どうして赤ちゃんにわかるということがわかるかというと、手続きとしては、たとえば、パソコンの画面にまず1個の点を見せます。次に2個の点を見せます。これを消してまた画面がぱっと開いたときに、点が三つあればよいのですが、4とか2になると子どもはたいてい驚きます。驚いたことをどうやってとらえるかというと、赤ちゃんに聞くわけにはいかないので、赤ちゃんの表情とか視線などでとらえます。パソコンの画面では、点の数を増やしたり、減らしたり、また点の並び方をいろいろ変えたりなどできます。こうやって調べてみると、たぶん生後7ヶ月か8ヶ月で、ある程度足し算的なことが理解できていることがわかります。

現在の説としては、どうやら乳児期に3とか4ぐらいまでは把握できていて、それをベースにしながら、普通は3歳以降に数えるという作業が始まり、最初は3ぐらいまでなのが、5ぐらいに増えて10ぐらいまでになって、20ぐらいまでになって、と安定的に数えられる数が増えていきます。小学校入学前ぐらいの子どもは20ぐらいまで数えられる子、あるいは30ぐらいまで数えられる子、なかには100ぐらいまでの子がいるといった具合にばらついています。たぶん1年生のどこかぐらいで、無数に数える段階までいきます。無数というのは、たとえば、一番大きな数ってなに?と聞くと、物知りな子は1億とか1京とか難しいことを言いますが、ではそれに1加えることができるかな、と尋ねます。そうすると、できるという子もいるし、できないという子もいます。また、もっと大きな数があるかな、呼び名はないにしてもあるかな、と聞いてみます。そうすると、あるところで「きりないよ」というふうになります。きりがないという発見をするということは、無限がわかっていると推定できます。いずれにしても、そこで数えるという作業は完成することになります。

数えるという作業は誰が教えているのでしょうか。塾に行ったりする方が早く覚えるとしても、行かなくても覚えるのです。そこでわかることが二つあります。一つは、どうやら生得的な基礎があるということです。これはかなり確かだと思いますが、それについて詳しく知りたい人はピンカーという一番強い生得論の立場に立つ認知心理学者の書いた本を読むとよいでしょう[*]。発達心理学者は全体としては生得論に傾く人と学習論に傾く人に分かれるのですが、ピンカーは生得論の人です。世界的な心理学の風潮としては、生得論はきわめて強力な立場になってきています。さまざまな心的処理の領野が脳のどこにあるかということもだんだんわかってきています。数える場所も脳のどのあたりかがだいたいわかってきましたので、かなり強い証拠が出てきていると思います。

二番目にわかることは、習熟していくときに、組織的な教育を必要としないということです。数えることを学ぶときに、組織的な教育が不可欠ということはないのです。組織的な教育によって促進されはしても、それがなくても遅かれ早かれ数えていくようになるのです。特別な知的な障害がない限り、どんなに教育がない人でも、学校教育のない国の人であっても、数えることはできます。ただし、文化によっては、

＊スティーブン・ピンカー（２００２）／山下篤子訳（２００４）『人間の本性を考える――心は「空白の石版」か』（上・中・下）日本放送出版協会

数詞が全部そろっていないところはあります。日本や欧米や中国その他、どんな大きな数でも数詞に対応させて呼べますが、世界中にある伝統文化の多くは、そういった大きな数を呼ぶ呼称をもっていないので、限界はありますが、しかし、数えるということ自体は、その文化の範囲で十分できるようになるということです。また必ずしも言語的な呼称がある必要はなくて、ニューギニアのある地方では、右手の指から始まり、手首、肘、肩、さらに左手へという具合に体を使いながら数えていき、足し算などもそれでおこないます。

このような自生的な発達にたいしては、生得論者が言うようにそれは主として生得的な能力の発現であるという立場と、いやそうではなくて、社会文化的に用意された活動がたっぷりあるおかげでそうなるという考えの対立があります。そこはまだ決着がついているわけではありません。ただ、妥協的に言えば、大元はたぶん生得的であって、脳のある部位にかなりきちっと仕組みがあり、ただそれがある数以上に発展していくためには社会文化的な活動の中に組み込まれる必要がある、ということなのでしょう。穏当かつ折衷的にいろいろな説を混ぜ合わせると、そんなふうに言えると思います。

子どもの有能さと日常性

このように、子どもがもっている能力は非常に高いということがわかってきました。もちろん、組織的な教育なしに何でも獲得できるわけではありません。現代社会において必要なさまざまな概念や知識は、もともともっている遺伝的に用意された機能や、普通の暮らしの中の環境さえあればすべてが獲得できるというわけではありません。たとえば基礎計算でいうと、大きな数ではなくて、20、30ぐらいまでの足し算引き算であれば、教育がなくてもだいたいだいじょうぶでしょう。しかし、かけ算はどうか、割り算はどうかというと、多少日常生活に対応するところもあります。しかし分数になると、日常生活でそれに対応するものを見つけるのはかなり難しくなってきます。まして分数の四則演算になると、日常ではまず使いません。そういうこともあって、小学校の算数では基礎計算はまあよいのですが、分数になると急に難しくなってきます。まして分数のかけ算割り算になると、多くの子どもが混乱します。それはもともとっている生得的なベースによらない、きわめて人工的な概念が入ってくるからであろうと推測されています。

さて、今何の話をしてきたかというと、教育心理学の不毛性という議論があったけれども、その背後には教育心理学の基本的なパラダイムとしての「基礎 - 応用」という枠組みがありました。１９８０年代から過去三十年間、その枠組みをいかに崩すかに研究の努力が払われてきました。一方では基礎研究が大きく発展し広がってきています。他方では、現場の中で、あるいは現場に近いところで、状況分析や教師の分析や子どもの分析がさまざまになされてきました。以上、心理学の展開を学説的な視点からおおまかに説明しました。

研究者と現場の関係の再構築

さて、これまで述べてきた理論的な展開は、１９８０年代にかなり広がったと思うのですが、それに対して、日本の実際の教育心理学の展開の中ではどういうことが出てきたでしょうか。

１９９０年代あたりで大きな変化があります。それは何かというと、研究者と現場との関係を再構築しようという動きが顕著になってきたことです。先ほどの「基礎－応用」という切り方での展開は、比較的アカデミックなものです。特に子どもの認知発達研究は正に実験室での展開であり、非常に限定された条件の下で研究者が個別のことがらを調査し、分析し、あるいは記述したわけです。そうやって知見をアカデミックに積み重ねていったのです。

それに対して１９９０年以降の十数年は、一人ひとりの研究者自身が現場とどう関わるかということが真剣に問題にされるようになってきました。それは具体的には、かなり多くの研究者が、ここでは教育心理の研究者ですが、実際に現場に入るようになったということです。これは私もやってきました。研究者はただ講義したり講演したりするだけではなくて、現場に入って実際に保育や授業などに助言活動をするとか、あるいは現場の先生方と一緒に実践に関わって共同研究をするとか、そういう活動が広がってきたのです。

それによってどういうことが起こったでしょうか？　大学の教授も大学院生も、大学の研究者であるというアイデンティティをもっていますし、それにともなう役割もあります。それから、自分は教育心理学の理論を学んでいるとか、ある理論をもっているという自負があります。そういった役柄とか自負が、現場ではつぎつぎに崩されていかざるを得ないのです。どうしてかというと、現場の先生方と一緒にやっていくということは、現場のもっている問題とつきあうということです。そうすると、そこでの問題は、伝統的に教育心理学なり教育学が作ってきた問題とつながりはあるにしても、ずれてきます。

たとえば、先ほどと少し違う例をあげると、動機づけという研究分野があります。動機づけには、外発的動機づけと内発的動機づけがありますが、外発というのは要するに、報酬や罰によるもので、内発というのは課題自体のおもしろさによるものです。そこで、内発的動機づけが大事だ、それから内発的動機づけというのは報酬でつると壊れやすいといった研究がいろいろあり、教育心理学のテキストの一章を必ずといってよいほど飾っているわけです。多くの心理学者は私も含めて、内発的動機づけの方がよいのではないか、それは自ら学ぶ子を育てるわけで、子ども自身が喜んで学ぶようになるのだから、そういう動機づけを実現しようと考えるわけです。今でもそういうことを言う研究者は多いですし、そういうことをスローガンとしてかかげる学校現場も結構あります。ところが、そういう理論をもって学校現場に行って内発的にやりましょうとお話しすることはできますが、そういう形で実際に授業を変えていくことはそう簡単ではありません。いや、それでもやれるんだという意見の研究者や実践者もいると思いますが、私自身は、教育現場での内発的動機づけというのは、無理だろうと思うようになりました。どう考えてもさまざまな状況の中で学習活動をおこなっているので、その中で純粋に内発的というのは、そもそも成り立つわけがないと私は思います。いずれにしても、単純に内発的動機づけという理論武装をして現場に乗り込んだとしても、ほとんど現場は変わりようがないのです。

今文部科学省では、ゆとり教育の見直しをしているそうです。ゆとり教育というのは別に文科省が言ったわけではありませんが、そういうあだ名が付いています。ゆとり教育は１９９０年代の教育改革の中で出てきた、当時の「新しい学力観」に基づいていますが、それに対しては内発的動機づけの考え方がかなり強い影響力を与えたと思います。ですから、この考え方は確かに実践的有効性を一定程度もっていたのです。しかし、今振り返って反省してみるに、その影響のしかたはかなりのところまずい形だったのではないでしょうか。心理学者などがあまりにナイーブに、実践現場にものを言い過ぎたという反省を迫られているると思うわけです。

単純に心理学の知見を現場に押しつけることはできないということについては、実は１９９０年代からさまざまな蓄積がありました。どういうことかというと、研究者自身現場に入ることによって、自分たちもそこで一緒に実践に加わり、現場から発信して研究に戻すという過程が必要だということです。この研究者‐現場の両者の協働ということから、アクションリサーチと呼ばれる手法だとか、あるいは生身で現場に入るということでは、フィールドワークという手法が広がっていきました。人類学や社会学の考え方が入ってきたということもあります。

二本立て研究からの脱却

現場に関わるとき、多くの優れた研究者が二本立てでやってきています。一方で基礎研究的なことをやって、もう一方で現場に対していろいろと協力、つまり助言等々をするというふうにです。これは、特に大学にいる研究者の中でも実践に関わる応用的な志向をもった研究者の一つの典型的なあり方であり、私を含めて多くの大学の研究者が共通に、基礎研究と現場と協力関係を作ることとを並行させています。しかし、単純にこの二つが分断されたままいくのか、そうではなくてこの間にいろいろな意味での関連を構築していくのかという姿勢によって、大きな違いが生まれてくるのではないかと思うのです。

教育学部だったら、昔から基礎研究については、たとえば、一方では昔の資料を延々と積み上げて教育史を研究している一方で、学校現場に行って指導したり学校の先生と共同研究したりと、両者を並行させてきました。心理学者も、実験室に戻って認知心理の記憶の実験をおこなうとともに、現場に行って算数についてどう教えるかを先生方と一緒に考えるというように、並行してきました。日本中で、そういうことがたくさんおこなわれているわけです。

しかし、そういう二本立て路線に対して、その二本の間にどうつながりをつけるかということを常に意識していくとか、単に研究の考えを現場に持ち込むということではなくて、現場からどうやってさまざまな理論的な意味を引き出すか、ということを考えていくということがあるのではないでしょうか。さらに、もっと進んで、研究者がもっている考えと現場がもっている考えを突き合わせながら、何らかの具体的な形を作っていく、広い意味でのアクションリサーチがあります。教材を作るとか、指導法を開発するといったところまで進もうということです。こういう動きはここ十数年、日本に限らず世界的な傾向として出てきています。特に2000年代に入って、日本中でそういう傾向がかなり強くなってきています。

それには時代的な要請もあるだろうと思います。教育研究が実際に学校教育の改善に役立つということを示していかないと、その存在理由が問われるということです。旧帝大系の教育学部は基本的には教育学というアカデミズムの中で成り立っていますが、教員養成系の大学では、卒業してすぐに役立つ教員を育成していかなくてはなりません。また、そこに勤めている教員が研究者として学校現場に何らかの意味でつながりをもつことが要請される、というプレッシャーが強くなってきているということがあります。

もう一つは、しばしば新聞でも報道されるように、教育問題は国家的問題にもなり、学力検査の国際比較が報道されて日本は何番だのといった話が真剣に取り上げられています。世界中どの国においても、目の色を変えて何番目かを争う時代になってきました。韓国や中国は日本以上にすごいプレッシャーの中にあるようです。最近、日本はだいぶ順位が下がり、韓国やシンガポールは国際比較で日本を越えてきています。ドイツはもっとひどい状態になって、今、猛烈な勢いで学校教育を変えようとしています。

いろいろな分野で、良い悪いではなく教育改革を進めざるを得ません。そういう動きにあって教育研究者は、当然そこに関わらざるを得ません。さらに言えば、研究者の大学における地位だけではなく、たとえば研究費だとか、ポストを得る等々において、いかに実践に役立つかが問われるという方向に進んでいます。そういう意味では、古き良き時代は完全に過ぎ去り、その競争に入ってきています。それは良い話ばかりではなくて、問題点も生まれてきています。

良い面を言えば、これまでの話の結論ですが、教育心理学の「不毛性」は、今や完全に乗り越えられたと言ってもよいと思います。１９９０年代において少なくとも日本の学会レベルでは、不毛性という議論はほとんど消えました。教育心理学は現場に相当に関わり得るのです。機械的に役立つわけではありません。教育心理学のテキストを一冊読めば良い授業ができる、と、そういうことはあり得ないわけです。しかし、教育心理学という学問がもっているさまざまな可能性を活用して、現場を変えることが結構できる、ということがわかりました。

専門性を上げていく

では、教育心理学は万々歳かというと、もちろんそうではありません。不毛だという議論を超えて、現場と密接に関わるようになるという良さを今実現しつつあるとは思うのですが、当然そこにはさまざまな別の問題点が生まれてきています。それをどう乗り越えていくのかが次の課題ですし、今の大学院生たちの大きな課題だろうと思います。それは何かというと、簡単に言えば、一方で基礎研究が発展し、他方で現場との関わりがどんどん進む中で、その間に非常に広い領域ができてくるということです。たくさんの多様な研究がありますが、研究者というのは必ずこの部分が専門とか、あの部分が専門とかがあるわけです。幅広い多様な領域を一人でカバーすることはできません。しかし、現場の実践を改善しながら学問として成り立たせるには、専門の背景となる広大な分野をかなりよくわかっている必要があります。これがなかなかの作業で、相当勉強していかないとついていけません。

もう一つは学校現場を取り囲む諸条件ですが、これは心理学の枠を超えています。たとえば、学習指導要領が改訂されるとか、国際学力比較調査の結果が学校現場への圧力となって跳ね返るとか、さまざまあります。しかしながら実践に役立つというのは、そういう条件を承知しながら、その制約の下で役立っていくということです。それを理解した上で、関わっていくのです。

さらに昨今、実践現場の人たちがかなり大学院に入ってきました。現場の先生がその地位のまま大学院生になるとか、教師経験を経た人が大学院に入り直すとか、あるいは大学院研究を経て現場に行く等の流れが生まれてきていて、これは良いことです。現場的な研究が進むという意味では期待がもてます。しかし、問題点もあります。その一番大きなものは、教育心理学のレベルがかなり下がる危険があるということです。実際、教育心理学の水準というのは、学会発表レベルではかなり落ち込んできているかも知れません。これは現場から来た人たちの学問的トレーニングが甘いためであることが多いようで、そうそう良い研究というのは簡単には出てきません。アカデミックな水準に達しないわけです。けれども、現場的問題意識は豊かにもっていますから、その点は良いわけです。

そう見てくると、希望はもてるけれども、なかなか難しいところに立ち至ってきたというところでしょうか。そこで、次章以降、このあたりのことをもう少し、個別的に議論したいと思います。

第2章　現場から立ち上がる学問とは

以下の章では、保育実践や教育実践に関わる研究を実際にどう進めたらよいかについて考えたいと思います。

研究者と実践者が重なる・分かれる

実践者が研究者として大学院に入ってくる流れがあることをお話ししましたが、そうであっても研究者は基本的には実践をする立場にはありません。（なお、ここでいう研究者には、院生や学生も含まれます。）そのように実践者と研究者が分かれているという前提の上で、研究者が実践にどう関わっていくのか、また、実践をどうやって対象化していくか、そのあたりのことを本書で検討したいと思いますが、実践者と研究者が分かれているということ自体が、問題をはらんでいます。

たとえば実践者＝研究者である、あるいはそうあるべきであるというスタンスもあるわけです。典型的には臨床心理学などで、カウンセラーである心理臨床家が自分の実践事例を積み上げていき、それらを研究にまとめていく場合には、実践者イコール研究者であるわけです。あるいは、幼稚園の先生や小学校などの先生が自分の実践記録をまとめて考察する場合も、実践者＝研究者です。こういう実践者＝研究者というあり方は、思ったよりも多くて、いろいろなところで成り立っています。たとえば建築科においては建築家が教授になり、自分が建築してきた経験をもとに講義をし、学生をトレーニングし、本や論文を書きます。

ただしその際、同じように実践者＝研究者だとしても、特に芸術系だと、実践がそのまま発表されるものとなる場合があります。音楽家だったら演奏会をしたり、美術家だったら展覧会に出品して賞をとるなどということが研究業績として並ぶことになります。パフォーマンス芸術系の人はだいたいそうです。それから最近は、小説家がいろいろな大学に教員として入っています。それぞれの大学で学術的な論文も書いているのかも知れませんが、小説作品を業績としていることも多いでしょう。医学部には、臨床医として雇用されている教員と研究者として雇用されている教員が両方混じりあっています。研究論文で評価されて採用された人ばかりでなく、病院がありますので、臨床医としての技術で評価される人もいるわけです。そういう人たちは、論文があっても、あまり多くはないでしょう。

保育者・教育者の場合はどうかというと、これが私の授業です、保育ですと発表して、そのことによって、大学の教員なり研究者として認められるかというと、必ずしもそうではありません。教育の実践者が研究者として認められるためには、研究論文を書かなくてはなりません。自分の実践について記述し分析することになります。それは、ビデオに撮って見せるわけではないので、自分の実践そのものではありません。「パフォーマンス＝発表されるもの」ではない実践者の研究者にとっては、研究論文という形をとらざるを得ないわけです。

すなわち、実践者でありかつ研究者であるあり方のタイプには、パフォーマンス＝研究業績の芸術家型、もっている技術が業績として評価される臨床医型、実践と研究業績が別個である教育者型の三つがあることになります。

それに対して、私などは実践をしているわけではないので、実践者とは別の人間として、教育研究論文を書くわけです。そうは言っても、実際には、その間の関係が微妙に動いていくということはあります。たとえば、アクションリサーチになってきますと、研究者は実践を対象化して分析するだけではなく、実践者と一緒に実践を作っていきます。日々そこで保育したり授業したりするのではないけれども、その場に対しての責任をもち、その場に対する具体的な改良の手だてを考えていくことで、実践者に近づいていくわけです。そしてアクションリサーチでは、論文を書くこともありますが、書かないこともあるわけで、現場がこういうふうに改善されたというところでプロジェクトが終わることもあります。そうすると、その成果は、いわゆる研究論文よりもある学校の実践、ある先生の実践、あるいは、ある学校の教育課程とかスクールカウンセリングのシステムといったものになります。アクションリサーチの成果を見せてほしいと頼むと論文を渡されることもあるけれども、そうではなくて、「〇〇小学校に見に行ってください」と言われる場合もあるわけです。

さらにまた、実践者が自分の実践を対象化して論文にする場合でも、実践者がおこなう実践と、研究論文の間の距離というものが、さまざまにあります。距離というのはたとえば時間的な幅です。授業実践を考えてみましょう。普通授業は単元を単位にして考えます。一単元を4時間とか5時間、十何時間とか、授業時間を単位として数えます。始める前にこういうふうに進めるという計画を立て、さらに一授業ごとの細かい計画を作り、その上で実践して反省を加えていけば、一応は授業記録ができるわけです。それをもとにして、こういうふうにしましたとか、この方がよかったというふうに発表します。それも研究論文です。それが授業の実態とイコールかというと難しい問題がありますが、授業を進めていく中の日々の進行に比較的近い記録ではあると言えます。これはカウンセリングの事例研究に近いとも言えるかも知れません。カウンセリングでは終わると記録を作ります。今回のセッションではこれこれが取り上げられ、次回にはだいたいこうしようということを簡単に書いておきます。それを積み上げれば、カウンセリングの記録ができ、それを綴って形式を整えれば、事例研究になるわけです。

実践者が論文を書く場合、単に日々の授業記録をもとに事例を書くだけでなく、たとえば自分の授業をビデオやテープにとって、それを分析することもあります。そうなってくると、かなり研究者のスタンスに近づいてきます。日々の授業実践の中で自然に生み出された記録ではなく、改めてその授業実践を対象化して分析し直すことになるからです。場合によっては授業中の発問や応答をカテゴリー分けして、数量的に把握するという分析をするかも知れません。しかしこのように、実践者が自分の実践を対象化して論文にすると、それはその人の実践の過程を忠実に再現したものであるとは必ずしも言えないわけです。もちろん研究者が対象化すると、真実になるというのでもありません。

専門的実践とは

特に保育や授業、看護やソーシャルワークは、専門的な実践です。実践をする人が専門家としてのトレーニングを受けており、その領域で自他共に認めるという意味で専門家であるという人たちです。これは、専門的な実践者のコミュニティーによってその専門性を保持しています。さらに、専門的な談話・言説（ディスコース）によってその専門性を保持しています。ここで、専門的な談話とか言説と私が呼んでいるのは、専門家たちが自分たちの実践について語る語り方です。いかなる専門家もただ実践しているのではなくて、ある実践について必ず、その実践はどういう種類のものかとか、その実践のある部分は良くてある部分が良くないとか、あの人の実践はよいがこの人の実践はだめだとか、実践をさらによくするときはこういうことをやらないといけないとか、さまざまな専門的な価値的評価を含んだ談話（言説）を生成しています。それと実践自体とがセットになって、専門性は実施されています。

この専門的な談話も、伝統的な種類の専門の実践と、比較的近代的な学校システムによって養成され、また制度化された専門の実践とでは、だいぶ意味が異なります。伝統的な専門の実践というのは、たとえば、能や歌舞伎などの伝承芸能や、あるいはマグロ船の漁師の実践などです。そういうものの実態や技術の継承のしかたなどについては、最近さまざまなエスノグラフィーやフィールドワークによって調査されるようになりました。伝統的な実践では、そのしかたと同時にその実践についての語り方をもっていて、その両方を師匠‐弟子システムの中でトレーニングしています。

それに対して、主として学校システムを通してトレーニングされる近代化された実践があります。教師とか保育者とか、看護師、ソーシャルワーカー、医者、弁護士などです。そういうたぐいの専門家はすべて、学校を通して訓練されています。最近はだんだん、調理師や大工などの、従来は伝統的とされてきたものも学校システムに組み込まれてきていますが、ただ、調理師や大工などは、学校システムにかなり伝統的なトレーニングシステムを持ち込むという形をとっているようです。それに対して今あげたようなものは、より近代性が強いわけです。近代性が強いということは時代が新しいということだけではありません。それは研究者によって支えられていて、さらに、さまざまな制度的バックアップがあります。この二点について、分析していきましょう。

研究者による訓練

教育に関わる仕事は教育学部によって支えられていて、教育学部の専門の研究者によって日々研究されています。また研究者は、多くの場合に養成部門の教育者でもあって、将来の教師をトレーニングして現場に送り出しています。研究者を中心とした養成課程の中で現場に送り出すわけですから、その専門に必要なことをできるようにするだけではなくて、授業についての見方とか語り方というものも、トレーニングしています。

研究者は、実践のことをよくわかっている人もいますが、多くは実践を見たり分析はできても、自分が実践するわけではないでしょう。しかし、実践ができないかわりに、研究者というのは語るという作業が得意です。つまり、大学教育というのはそういう意味で言うと、基本的におしゃべりな専門家を育てるのです。新人の教師にはろくな実践はできないでしょうが、しかし、語らせれば語れます。どこかで聞いたようなことを言うだけではあっても、おしゃべりできるようになっています。

その良さと問題点があります。問題点はもちろん、おしゃべりできても、実際にどこまでやれるのか、ということです。良さは何かというと、近代的な専門的実践というのは、専門的談話を不可欠なこととしてもっているわけですから、語れない実践者は専門家ではあり得ないわけです。ただ黙って実践するというわけにはいかないわけで、専門家であれば指導案を書き、説明し、というように、必ず語れなくてはいけない宿命をもっているのです。

制度の中の実践

さらにそれを強化するのは制度的なものです。弁護士も医師も看護師も、教師も保育者も、すべて国家資格によって保証された仕事です。ただ国として認めているだけではなくて、詳細な中身を国としてあるいは国に委託された団体で細かく定めています。かつ通常、資格に該当するかどうかを決めるために、履修すべき教育課程が定められていたり、国家試験というシステムをもっていたりします。たとえば医師は国家試験ですが、教師や保育者は国家試験はありません。そのかわりに、教育課程を終えることを要件としています。つまり一定の教育課程を習得すると、基本的には自動的に教員免許が取得できます。

国が、比較的細かく決めた一定の授業を学びなさいと言っているわけです。かつその学ぶ中身は、たとえば教職課程で言えば、「教育心理学」であり、「保育内容各論」とか「教育方法」、「算数科教材研究」といったものです。その授業の進め方は、かなり実践的に訓練するものもあるとは思いますが、しかし多くは、基本的に言語的応答によって学ばせています。試験やレポートなど、文章を書くというスタイルで知識をチェックするわけです。したがって、どんどんおしゃべりになっていくわけです。授業の実際についてはまだろくにできないのに、授業の進め方を習ったということになり、授業論をぶったりするわけです。

さらに国が定めている教育について言うと、学習指導要領とか幼稚園の場合は幼稚園教育要領、保育所は保育所保育指針ですが、そういうものによって、ある程度細かく教育内容が定められています。さらに小中高については検定教科書というものが与えられます。教科書に沿って教える義務があるのです。かつまた、教科書には必ず指導書ないし解説書がついていて、その趣旨が教師に伝えられます。教師はそれをもとにしながら指導するというやり方をとっているのです。

今はその良し悪しを言っているのではなくて、専門性というのはそういったものとして確保されているということです。こういう実践は、ごく普通の意味で実践を研究するというときの実践とは違っています。たとえば、研究はあまりされていないのですが、家庭の主婦の家事実践研究があるとします。家事実践については、新聞に家庭欄があり、主婦向けの雑誌があります。そこには、主婦のあり方や家事のしかたについての言説がたくさん並んでいます。しかし、たとえば主婦になるための養成課程というのはありませんし、主婦という仕事は公式的にはこうするものだ、という規定もないわけです。出版やテレビを通しての言説はありますが、それらはてんでんばらばらで、あまり統一性はないでしょう。家事について分析するには、正に実践そのものを分析せざるを得ないはずです。

しかし、教師の実践というのは、専門的実践と専門的談話を込みにして分析しないと、その姿がよくわかりません。たとえば小学校には時間割があり、45分授業でやっていて、「先生、なんで45分授業でやっているんですか？」と聞くと、「そういうことになっているし」と答えるでしょう。「そうなっているにしても、変えてもいいんじゃないですか」と言うと、「いや、それは学校全体が同じ時間割で動くし」とか、「それは文科省が決めているんだから」とか答えるかも知れません。そういうふうに、誰かが決めているということになります。あるいは、「いや、45分という時間は適切であって、だいたい導入があって、そこでいろいろ展開があって、最後にまとめをやるとちょうどいい」と言うかも知れません。これは、先生たちに与えられた制度的な枠組みの中でおこなっている実践だからであって、別に先生たちがそういう実践の枠組みを発明したわけではありません。また、先生たちの個別の工夫にゆだねられているわけでもありません。制度が与えられているだけではなくて、そこでの先生たちの説明の大部分も、また与えられています。他の人の説明をその先生なりに消化して言っているかもしれないけれども、しかし基本的には、その先生は誰かの言っていることを繰り返しているのです。

以上述べてきたことは、別に実践者がきちんと勉強していないとか、だめだということを言いたいわけではありません。そうではなく、専門的実践がもっている、本質的な性格だということです。すべての実践やそれに内在する談話を自分で発明する人はいないわけです。伝統的な実践であればこそ、受け継いでそれを少し修正していくし、近代的な実践というのは、学校や制度の枠の中で教わって展開するものであって、それを大きく超えることはないわけです。

現場と実践をいかにとらえるか

さて、そうすると、実践を分析する際に、現場とは何か、そこでの実践とは何か、また、そこで実践を研究するということはどういうことを意味するのか、というのは、結構ややこしい問題だと思います。しばしば実践者は自分たちの実践に即して語ります。雄弁な人もいるし、なかなかうまく言えなくてという人もいますが、ともかく実践者の語りをベースにして実践的な研究は成り立っているわけです。だからこそ、実践の研究は実践に役立っていく性格をもっていると思います。しかし、しばしばそれは、どこかで聞いたような話になってもいるわけです。

以上は、完全に研究者の世界にもあてはまるでしょう。研究者が自由に研究しているということはなく、前章に述べたように、何の学問であっても、すべての学問は研究者のコミュニティーの中でおこなわれています。学生・院生が学部教育や大学院教育で受けているトレーニングは、研究するという行為と同時に、研究論文での語り方、あるいは研究についての語り方を学んでいるわけです。心理学なり社会学なりに固有な語り方を身につけていくのです。そしてそういう語り方を身につけることが世の中の真実を明らかにすることに通じるのか通じないのか、その語り方をよく身につけたことで実践に貢献し得るのかどうかというのは、また別の問題です。確実に言えることは、そういうこととは関係なく、とにかく大学院生などは学問に固有な語り方に熟達するであろうということです。

実践的論文と実践のあり方

教師が書いた実践的論文や実践についての文章を研究者が書く研究論文と比べてみると、通常いくつか大きな違いがあります。

一つは、実践研究には、研究者が書く研究論文と違って、先行研究の吟味が少ないことです。また、研究方法の記述もあまりありません。さらに、研究の結果のオリジナリティ（新規性）の主張が明確でないということがあります。これは相対的な話であって、いわゆる研究論文でもそういう点が明確でないものもあるし、実践的な研究の中にはかなり意識して、先行研究、研究方法、結果のオリジナリティを明確にしようと努力しているものもあります。だから一概には言えませんが、多くの場合、そういうことがあるために、その分野に慣れていないと、教師の書く実践論文は研究者にとっては読みにくいものです。たとえば算数科教育とか国語科教育に関する専門雑誌が教師向けにいくつもありますが、そういう雑誌を読んでいても、どこにその論文の価値があるか、読みとりにくいのです。

少なくとも私には、読んでいてよくわからないのです。私が比較的実践との関わりが多いのは、幼児教育の世界と生活科とか総合的な学習とかです。ですから、そこの現場の人が書いたものを読むときは、ある程度おもしろさやオリジナリティがわかるように思います。しかし、他の分野、たとえば美術教育とか音楽教育の論文は、なんとなくおもしろいなと思うときとそうでないときがありますが、本当の意味でそれが新しいのどうかはよくわからないのです。研究者の世界はオリジナリティが命なので、雑誌や学会の紀要ではこういうことを明確に書くというトレーニングを受けており、また、学術雑誌側がそれを明確にするように投稿者に要求しています。そういう約束事があって成り立っている世界です。ところが、教師、保育者の世界では、必ずしもそういうことが約束事として成立していないのです。

この辺が、現場出身の人が大学院に入ったときにとまどう原因の一つです。つまり、学者の世界ではオリジナリティが決定的に重要で、オリジナリティとは簡単に言えば、以前になされていない、主張されていない、証拠が出されていない、ということです。そういうことを述べた上で、自分の研究を出すことで、成り立つわけです。研究者の世界では、そういうトレーニングを大学院の間にたたき込まれるわけです。

実践の世界ではそういうことはありません。どうしてか。そこで一番基本的な考え方は何かというと、よい実践をまねろということです。だから、まねることは恥ではありません。むしろ積極的にまねるのです。歌舞伎のような伝統芸能を考えるとわかりやすいでしょう。みなが勘三郎のようになりたいと思って、そういう人をイメージして目指すわけです。仮に若い人が、「おまえは勘三郎にそっくりだね、うり二つじゃないか」と言われたら、喜ぶでしょう、もちろんどこかで自分らしさを出さなくてはならないのでしょうが、基本的にはまねてうまくいくのならばそれでよいのです。

教師の世界もそうです。「あのすばらしい先生みたいになりたい」と思っていろいろまねて、その通りになったらよいはずです。専門的実践というのはそういうものです。優秀な先生のようにやればうまくいくのだから、同じようにすればよいわけです。トレーニング課程でも、基本的な教え方は「私がやるようにやりなさい」というものであり、見よう見まねということにつきるわけです。

それからもう一つ、教師の世界の専門的談話も、基本的には近代的な学校システムの制度的枠組みの中で与えられています。つまり養成課程において「こういうものだよ」と学生に提示されているのです。また指導要領は国が作ったガイドラインですが、国が作るのは反対だという人でも、未熟な人に、あなたの好きなように考えてやりなさいなどとは言わないでしょう。専門的な談話を自ら発明することを、一般の教師や保育者は期待されていません。そんなことをする暇があるならもっと実践を上手にできるようになれ、と言われるのがおちなのです。

そういう中で実践論文が書かれます。その多くは、「こういう単元でこうやったらこうなりました」という種類のもので、たいていはエクササイズ（練習）になっています。たとえば、大学の心理相談室で出している紀要などを見ると、事例研究が載っていますが、その多くは、クライエントへのカウンセリングの経過を一回目から最終回まで、その流れを整理して、こうであったということを書いたものです。この事例研究を通して何を新しく主張しているのか、あるいは新しく何を発見したのかは明瞭でないように思えます。なんとか先生の理論に従ってやったらうまくいったという報告や、あるいはなんとか先生がこう言っているけれど、私は未熟でそこまでに到達しませんでした、という反省が書いてある場合もあります。

こういうエクササイズ論文は、厳密に言えば、研究者が言う意味での研究論文ではありません。どうしてかというと、結果のオリジナリティが何なのかを明瞭に主張していないものは、研究者の視点から言えば、論文ではないからです。また、オリジナリティを明確にするには、必ず先行研究では何が主張されていて、それに対して私は違うことを言うのだという対応が明確でなければいけないのです。それがはっきり書かれていない場合には、研究者の論文ではないわけです。

これは必ずしも悪口ではありません。どうしてかというと、相談室紀要といったものは研究論文を書けるようにするトレーニングシステムではなくて、あくまで、カウンセリングができるようにするための訓練システムですから、そこでの事例研究はそういう訓練システムの中でその人がカウンセリングをきちんとできるようになったということを示すための証明書であり、スーパーバイザーその他から批判を受けるためのいわば資料でしょう。論文としての意味が違うわけです。トレーニング課程におけるいわゆるレポートなのです。

いかなる意味で実践的な研究なのか

さて、多くの教師が書く論文はどうでしょうか。基本的には、エクササイズに近いのです。しかし、エクササイズとイコールではありません。どうしてかというと、一つには教師はすでにトレーニング課程にいるのではなくて、現場で実際に実践している人たちです。しかも実践論文を書く人たちは、その多くがかなりの経験年数のある人たちです。5年とか10年とか、場合によっては20年とかの経験を経てきている、中堅からベテランの方々です。そういう人たちは、今さらエクササイズとしての論文を書いたりはしません。ですから何らかの意味での新しさ、工夫というものを示しています。ところが、どこが工夫なのかということを、あまり明確に言う習慣がないのです。

例を一つあげると、今、学校現場の多くで「朝読書」がおこなわれています。小・中学校の一時間目の授業が始まる前に、授業ではない時間帯として十五分ぐらい朝の時間があって、従来は学級活動にあてられていました。この五〜六年、その朝の時間の活用がかなり進みました。その一番大きな理由は、授業時間が削減されたので、朝の時間が貴重になってきたということがあると思います。それからもう一つは、一時間目の授業が始まる前に、生徒の学習への態勢を作るとよいらしいという認識が広がってきました。その朝の時間の活用の一つが、朝読書です。

朝読書の特徴は簡単に言うと、十五分間程度、生徒が自分の好きな本を読む、というもので、その時間にはおしゃべりはしないとか、感想文などは求めない、というものです。この朝読書はある高校の先生が始めたもので、それがだんだん全国に広まったのです[*]。その先生のまったくのオリジナルかというとそれは微妙で、朝本を読んだりするということは以前からありました。ただその先生の新しいところは、とにかく静かに読めばよい、好きなものを読むだけで一切感想を求めない、というところにあって、余計な宿題にしない、ということです。それで瞬く間に広がったのだと思います。

広がる過程においてもともとのオリジナリティがどこまで尊重されているかというと、これは微妙な問題です。どうしてかというと、朝読書に関する実践の本はたくさん出ていますが、研究者の世界なら必ず引用文献があって最初にその人が始めたと書いてあるべきですが、それが書かれていないこともあるようです。考えようによっては、オリジナリティを無視しているわけです。それは倫理的に問題かというと、必ずしもそうとは言い切れないでしょう。というのも、朝読書の場合は始めた時期や先生がわりあい明確ですが、学校現場では誰が始めたかよくわからないけれど、どんどん広がっていくものがいくらでもあるからです。

＊林公・高文研（1996）『続・朝の読書が奇跡を生んだ』高文研

かけ算の九九の練習方法にしても、問題を出す順番をさまざまに変えてかつスピードを上げて答える方式が広がっています。これはかなり以前からあって、業界では昔から知られているものです。それは登録されているわけではなく、誰でも授業で使ってよいのです。教材ドリルも、流通しているものをまねて作っても、誰もとがめないわけです。

さて朝読書も九九の練習法も発明者はいるのですが、学校現場としては、そういった工夫は無名のものとして流通し、使われていくということです。まして、今あげた例はかなり独立性の強い実践的な工夫ですが、そうでないもの、たとえば特定の教材にたいするある発問がうまくいった場合なども、瞬く間に他のところで使われていきます。そればかりではなくて、そういった工夫のよいものは、どんどん教科書会社が採用していきます。そういうときにいちいち最初にやった実践者に断って使うことはおそらくしていないでしょう。つまり、実践というのは発表されたときに共有財産になる、という暗黙の了解があります。

実践の工夫の背景には、暗黙の共通財産としての共通知があります。こういうものに支えられて、実践の工夫が成り立っています。多くの教師が書く実践的な文章というのは、こういった暗黙の共通知をもっている者同士のコミュニケーションなのです。したがって、それが見えない人にとっては理解しにくいのです。「この単元なら普通こういうふうに教えるんだよ」とか、「この単元のポイントはここにあって、だいたいそういうときにはこの辺をこうやって発問するものだよ」といったやり方があります。もちろんやり方には教科書の指導書に書いてあるものもあるし、普通はこうするということが現場の中で伝えられているものもあります。やり方の流派もあって、あのグループはだいたいこういうふうにする、別のグループはこうする、という違いはありますが、いずれにしても、この単元の授業の導入はこうこうすると知られています。小学校の生活科でいえば、指導要領には内容が八個ほど書いてあり、それぞれが単元に対応しています。生活科に詳しい人たちの間では、たとえば、「学校単元」、「家族単元」、「成長単元」といったニックネームがあり、「成長単元」と言うと、「ああ、あれね」ということで、だいたいこうやる、こういうパターンもあるなど、みんな知っているわけです。そういうなかで、たまに違うやり方を発表する人がいると、「あ、これはおもしろいな」とか「はじめてだな」、「ここはいつも難しいのだけれど、うまくクリアしているな」とか評価されます。教科教育の中で出されている実践研究というのは、そういうさまざまな実践的な工夫を表現しているので、単なるエクササイズではなく、ある種の実践的な研究になるわけです。

実践研究を超えていく研究

さて、教師の専門的な談話は、このような暗黙の共通知や新たな工夫を語っていく語り方をベースにしています。したがって研究者がそういう談話にもとづいた文章を読むときは、単に、実践を分析するだけではなく、共通知やその語り方をよく見定めて、批判的に吟味していく必要があります。このことは、現場から立ち上がる学問を作っていくためには、大変重要です。

そのとき、素朴に実践者が言うことは正当であり、研究者が言うことはしばしば実践から離れているとも言い難いでしょう。そういう面も確かにありますが、そのように思いこんでいるとまずいのではないでしょうか。実践者が語ることは、しばしば実践を、ある型どおりの語り方によって閉じこめていることがあります。それは必ずしも間違ったことではありませんが、ある形の中の限定での工夫というのは、実践を良くしていく部分もあるけれども、場合によっては末梢的な改善に入り込んでいくこともあります。多くの近代的な実践が、大学の研究者・教育者による制度的な養成システムの中で生まれているので、実践の語り方が型どおりになりやすいということもあります。

型が悪いという意味ではありません。実践は、型なしではあり得ないものです。ただその型があまりに狭くなりすぎると、実践を語りながらその狭さをさらに強化していることになりかねないということなのです。

例をあげてみましょう。『保育の実践・原理・内容』[*]という保育の養成課程のためのテキストがあります。この本の特徴は副題が「写真でよみとく保育」とあるように、写真を多用して、できるだけたくさんの実践例をあげて解説を加えたところにあります。そこから、いかにも幼稚園の先生だという語り方を例にあげてみましょう。

この実践例は、5歳児のことば遊びゲームが卒園に向けての話し合いにつながる様子を取り上げています。このゲームは、手拍子にのせてあらかじめ決めたテーマに即したものの名前を順番に言い合うというものです。つまり、「動物」と言ったら動物の名前をあげます。この実践例は「共同遊びの楽しさを知り、つながりを深めて」と題され、「友だちと遊ぶ楽しさを十分に味わってくると、多人数で継続して活動に取り組もうとする主体的な育ちが見られます。文集に寄せる思い出について話し合う中で、みんなが共同して何日もかけて取り組んだ活動が話題になりました。そのときのことを思い出しながらクラスの仲間としての意識がさらに高まりつながりが深められていきます。そのような意識は卒園間近のひとときの5歳児クラスが全員でおこなう遊びの提案にも表れています。みんなで気持ちを一つにして楽しく遊ぶ姿がしばしば見られるようになりました。」という考察があるのです。これは典型的な幼稚園の先生による解説だと思います。優秀な幼稚園の先生が書く文章らしいのです。その世界に親しんでいると、「あー、幼稚園の先生だな」としみじみと思うのです。

私はここに書いてあることは間違っていないし、私が編集している本ですので、幼稚園の5歳児の指導として良いと思って載せたのです。この短い文章には、「共同」、「友だち」、「つながり」、「継続」、「主体的」、「育ち」などのことばが出てきます。全体として幼稚園の先生の実践のしかたであり、実践のとらえ方であり、また実践についての語り方であるわけです。こういうものが養成課程で与えられることによって、学生の多くがこのような語り方に習熟していき、また物の見方を身につけていきます。

5歳児がみんなでゲームをしています。その後、卒園に向けて話し合いをしているのですが、学生を幼稚園に連れて行くと最初はそういう様子を見て、「ああ、ゲームをして楽しそうだな」と言います。しかし、そう言っている間は保育ができないだけではなく、専門的語り方や見方がわかっていないのです。先生はただ楽しいからそのゲームをしているわけではありません。「育ち」というものを作ろうとしているのです。そこが学生には見えていません。

＊無藤隆・増田時枝・松井愛奈（編著）（２００６）『保育の実践・原理・内容――写真でよみとく保育』ミネルヴァ書房

再詳述法をめぐって

研究者のやる仕事は、このような専門的実践と専門的談話を対象化して検討することにあるでしょう。そのあたりの議論の詳細は、拙論「質的研究の三つのジレンマ——「再詳述法」の提案による質的心理学の可能性[*]」を読んでいただきたいと思いますが、そこでは、「再詳述法」を提案しています。たとえば子どもが遊んでいる場面をビデオやメモにとり、同時に先生へのインタビューで、先生が今のようなことを語っているとします。それによってその先生がその遊びをどうとらえているか、ということがわかります。しかし、そこに述べられているキーワードを取り出してみると、その一つひとつは、実はそんなに自明ではありません。たとえば5歳児にとって共同するとは何だろう、5歳児にとって友だちとはなんだろう、5歳児の楽しさって何？　味わうって気楽に言うけど何なのだろうか……。

5歳児にとって継続するというのは何を意味しているのでしょうか。5歳児にとって、継続するというのは簡単ではありません。一つのことを三十分やるのは継続です。今日やった遊びを明日やるというのは継続でしょうか、今日やった遊びを一週間後にやるのは継続でしょうか、毎日砂場遊びをしているけれど、そのたびに違う穴を掘っていたり、今日は穴を掘っているけれど、次の日は山を作っていたら、それも継続と呼ぶべきでしょうか。まして「育ち」とか言われると、なんだかよくわからないのです。

実践者の使うことばの特徴

研究者が分析的批判的に吟味すると、実践者は曖昧なことばをたくさん使っています。心理学者が使うことばは基本的には操作的に定義します。操作的という意味は、実験とか質問紙とかの手順で決めていくということで、客観性をもちます。それに対して、実践者はことばを定義しません。たまに定義しても、だいたいその定義は曖昧です。「主体的」とか「共同性」ということばを多くの先生が使います。幼稚園の先生と話しながら子どもを見ていると、「ほら、主体的に遊んでいるでしょ」とか「ちょっと主体性が足りない」とか、「あの遊びはどうも共同性が弱い」とか、「ちょっと楽しさが不足している」とか言うことがあります。「ほら」と指さされて、解説されると、私でも「ああ、そうか」と思うのです。実践を見るときのものの見方が、こういうことばを使いながら見えてくるのです。つまり実践のやり方が変化するし、ものの見え方が変わってくるのです。

それは実践者に向けてのトレーニングとしてはよいのですが、研究論文を書く場合はそれだと困ります。研究論文としては、主体的とは何かというと「あれです」と言われても、理解できません。論文とは明晰に言語の上で語るものです。一つのストラテジーは、現場の人が語ることばは止めて、研究者として論文を作っていくやり方があります。発達心理学としては、「主体的」も「共同性」も、発達心理学としての

＊日本質的心理学会（2005）『質的心理学研究』第4号、58－64ページ

言い方ができます。共同というのはそもそも発達心理学から来たことばです。友だちというのも発達心理学の中での友だちや仲間の定義があって、術語として使えます。保育では、そういうものと関連はあるにしても、もっと実践的なニュアンスを込めて使っているのです。

実は現場の語り方は、研究者によっても影響を受けています。トレーニング課程や幼稚園教育要領などを作るときに研究者が関与していますし、実践者も大学院でトレーニングする人が増えてきましたから、当然研究者の言い方を学んでいます。たとえば「共同遊び」という言い方は１９３０年代から心理学にある表現ですが、それがだんだん現場に入り込んでいったのです。ですから、そういう意味でも、研究のことばと現場的なことばは互いにつながっているわけですが、現場のことばは、実践の中で独特のふくらみをともなって使われていくようになるのです。

研究が教育心理学や教育学に籠もってしまえば話は簡単です。そうではなくて、現場とのつながりの中で研究するときには、現場で使われていることばや見方を大切にしながら学問を組み立てる必要があります。その上で、それをどうやって学問として洗練していくか、あるいは厳密にしていくか、ということが一つの研究課題となります。

たとえば、先生たちが「つながり」と表現している現象があります。「子ども同士がつながっているよ」とか、「つながっていないよ」、「つながりをもっと深めたいのだけれど」とか言います。こういう現場の語り方を一切無視して、完全に心理学や社会学の枠組みで語ることもできます。私が「再詳述法」として提案しているのは、現場の語り方をできる限り尊重しながらも、その中の鍵となることばについてはあえて使わずに記述し直していくことです。そうすることによって、現場の人たちがたとえば「つながり」ということばにどういう意味を込めているのかを明確にする作業をしてはどうかという提案です。あるいは「育ち」とはどういうものか、「主体的」と呼んでいるのはどういうことか、ということを、「主体的」ということばを使わずに記述することで浮き彫りにできないかということなのです。研究を現場から立ち上げるというときに、まず、現場で使われている概念の意味をよく吟味するという作業をしていく必要があるのではないかと提案したいのです。

第3章　現場に入る研究者のスタンス

現場に入る研究者のスタンスについて考えてみましょう。これまでの章で、教育心理学や教育系の学問のあり方と、保育・教育の実践現場から学問を作っていく上での基本的な前提や問題について論じてきました。この章からは、実際に保育・教育の研究者が日本の現実の中でどういうことをやっているかを紹介し、吟味したいと思います。

教育研究の独自の特徴

さまざまな学問、たとえば文化人類学、社会学、あるいは経済学、経営学、看護学などの分野で、フィールドに関わる研究が多数おこなわれています。これらの分野に対して、教育研究に特に著しい特徴は何でしょうか。一つはすでに述べたように、教育現場の実践者がすでにある程度は研究者と共有のことばをもっているということです。それというのも教育は制度化された実践なので、制度の中での言説によって実践を語るという習慣があり、それを実践現場の人たちと研究者がある程度共有しているのです。また、実践者は明確な形をもった養成課程を経て実践者になっていき、現職の研修も制度化された中で公式的な見解が伝えられていきます。公式的というのは文部科学省というだけではなくて、民間研究団体の言説も公式的な性質のものです。その事情はたとえば経営学とはだいぶわけが違うわけで、たとえばトヨタ自動車のいわゆる改善システムは、それを研究している人がいたり、大学で教えたりということはあるでしょうが、大学の養成課程でたたき込まれるわけではありません。

教育者は、大学の中で研究者によって養成されます。その間に、実践の形や実践についての語り方の共有部分が作られていきます。このように、研究者は実践者の養成という形で現場に関わります。

しかしそればかりではなく、研究者は実践現場に対する研究もおこないます。それには比較的基礎的な研究もあるし、応用的な研究もあり、その研究成果は、養成に組み込まれたり、あるいは直接実践現場に戻されたり等々、いろいろな形で返されていきます。

実は、さらにもう一つの関わり方があります。すべての教育研究者がおこなっているわけではないのですが、かなり多くの研究者たちが関与しています。それは、助言者としての関わりです。実践現場に直接助言するという形の関わりです。

しかしほとんどの場合、研究者としての実践現場への関わりは、その実践現場の何らかの問題を直接改善することにはつながりません。研究者と現場が一体となって解決を探るアクションリサーチという方法もありますが、それほど多いわけではありません。大部分の研究者は、現場に関わる研究においても、いわゆる研究らしい研究をするわけです。

現場でデータをとること

すなわち研究者として実践現場に赴いて何をするかというと、特に心理学者の場合、いわゆるデータをとるわけです。これが実践現場から見たときに心理学者が評判の悪い一番の理由でしょう。実践現場から見ると研究者は外からやってきてデータをとる人であって、もっと悪く言えば、データの収奪者であり搾取者です。どうしてかというと、今、授業や保育に向けるべき時間を使ってアンケートをやれと言ったり、保育室や教室にビデオを持ち込んで実践の邪魔をするというわけです。教育心理学者がおこなう大部分の活動は、データをとることなのです。

データをとったあとは、それを分析していわゆるフィードバックをします。研究結果をまとめて現場の先生方に渡すわけです。それに現場の教師がどういう反応をするかはさまざまですが、喜んで一所懸命説明を聞いてくれて、「われわれの授業の改善に役立つよ」と言ってくれることは、まず十に一つもないでしょう。ほとんどの場合、「まあ、役立ちそうですね」とか言いながら、その瞬間に忘れていると思うのです。でも、調査させてくれるのならよいというのが研究者側のスタンスでしょう。相手にしてくれるからまだよいということです。

調査結果を渡して「ご説明しましょう」と言うと、「今忙しいのであとで読みますから」などと言われてすごすご引き下がりながら、「ああ、あれはどこかに捨てちゃうんだろうな」と思うときもあります。したがって、調査結果が、なかなかうまく機能しません。研究者の研究が悪いのか、実践者が研究結果を理解しないのが悪いのかというと、必ずしもどちらというわけでもないでしょう。

現場での調査をして私が特によく感じたのは、現場の側は学校の改善につながるような何が言えるのかを求めます。研究者は調査結果からいろいろ言いますが、何か学会発表のような気になって、「まだデータが少なくて十分なことは言えません」とか、「ここは有意なのですが、こっちは有意ではないです」、「そこまで言うと言い過ぎで」、「このクラスではそうなったけれど、先生が変わると違うかも知れませんが」とか言いたくなるのです。

心理学の専門のことばの概念や理屈が通じないこともあります。最近の例で言うと、私の知り合いの研究者がおこなったのですが、幼稚園から小学校に子どもが移行していくときに、自己概念がどう変わるかという調査をしました。5歳から7歳ぐらいの自己概念の特徴として昔から知られていることは、なかなか自分のことを言えないということです。幼稚園の年長ぐらいの子に「自分ってどういう子？」と聞くと、せいぜい「いい子」とか「やさしい子」とか、親に言われたことを言うぐらいで、あまり内面的なことを言いません。内面的な表現ができるようになるのは、だいたい小学校半ば以降でしょう。いわゆる心理的特性を使って性格などを記述するかどうかです。たとえば大学生なら「自分は内面的な人間で」「私は社交的で」「自己主張できるのだけれど、ちょっと気後れするところもあって」などと言うでしょう。要するに自己紹介するときに言うようなことが、基本的には自己概念の記述です。そういうことの調査の許可を得るために、小学校に説明に行きます。担任の先生や校長先生に今のような説明をすると、普通校長は、「今、現場は非常に忙しいので、そう簡単には子どもは貸せません」とか、「親に説明しなくてはいけないし」と言って断ります。さもなければ、「では、そういうことがわかって、何の役に立つのですか？　授業にどういうふうにつながるのですか?」と尋ねるでしょう。まじめな発達心理学者だと、「自己概念というものは幼児期は外面的な特徴を主に記述して、しだいにしだいに内面的なことを記述すると言われています。で、私は、それに対して低学年でもこういうことなら言えるというふうに考えて仮説を立てましたので、それを検証したいのです」と答えます。それはその研究者の指導教官に対する発言としては間違っていませんし、心理学会で発表するときもそれでよいのですが、学校現場から見れば、「学問の理屈であって学校現場は関係ない」というふうに感じるかも知れません。そのあたりにズレがあるわけです。

今、心理学の例を出しましたが、それは教育学でも社会学でも同じです。したがって、研究の結果を返すと言っても、いわゆる学問の話だ、と言われて終わるのです。これをどういうふうに乗り越えていくかということが、過去三十年間の大きな課題だったと思うのです。このことを、少なくとも何人かの教育心理学者はかなり真剣に問いつめてきました。そして、いくつかのやり方が開発されました。そこから、ある種の新しい研究スタイルが生まれ始めたのです。

振り返りという授業実践と自己概念研究

今の自己概念の例は、実験室の研究に比べればかなり応用的ですが、それでも基礎的、理論的なものです。しかし、問題自体をもっと実践的に組み直して、自己概念の話を、実践側で語ることができます。

小学校の生活科には、指導要領に対応して八つほどの単元があり、その一つに、1年生の終わりか2年生の終わりに取り上げられることの多い「成長単元」があります。これはそれまで自分が育ってきたことについて振り返るというもので、2年生の終わりの成長単元だと、入学してから今までの2年間、あるいは幼稚園・保育園にいたときと比較しての今、あるいは生まれてからこの方の8歳になっている今について振り返り、自分が成長してきたということを確認して、自信をもつこと、そしてさらに、自分を育ててくれた人に感謝するということが目指されています。しかし「成長単元」は、発達心理学的に言うと、2年生の終わりにやるのはたぶん少し早いように思います。ですから最近は総合的な学習の時間を使って、4年生での成長の振り返りの単元も広がってきました。あるいは、6年生の終わりに卒業にあたって過去を振り返るようにしている学校もあります。

この成長単元は、発達心理学者から見るとおもしろい問題です。なぜなら自己概念に関わるからです。ただ、今までのところ心理学ではあまり検討されていないし、学校現場でもなかなかうまくいっていないという感じがします。

先ほどの自己概念の話を「成長単元」の方から見直すとどういうことになるでしょうか。全国的に実践を見ると、成長単元には三つのタイプがあります。一つは入学からの2年間を振り返るもの、もう一つは、幼稚園・保育園を訪問して幼児と比較しながら幼児期からの数年間を振り返るもの、第三のタイプが、生まれてからの流れを追っていくやり方です。生活科のここ十数年の成長単元の実践を見ていると、その初期には、生まれてからの振り返りをやることが多かったようです。たとえば赤ちゃんのときの服や哺乳びんや写真を教室に持ってきたり、あるいは赤ちゃんを実際に抱かせるのは難しいので、赤ちゃんの人形を持ってきて抱かせたりします。等身大で重さも赤ちゃんと同じ3000グラムくらいの人形があるのですが、そういうかなりリアルなものを持たせるのです。しかしこの実践は難しいという感じがあって、最近はだいぶ減りました。それに対して、入学からの2年間を振り返っていろいろできるようになったことを確認していこうとか、幼稚園・保育園との交流の中でやろうなどの提言が出て、実践が変わってきました。

このように、実践される中で、この単元があまり子どもに響かないという感触にもとづいて修正されてきたのですが、ここには心理学的な知見からも指摘すべき点があります。たとえば、8歳の子どもにどの程度過去を振り返ることができるのか、振り返るときにどういう手がかりを使うのか、来年の成長といった見通しがつくのか、さらには、成長させてきてくれてお母さんありがとうと言ってもらいたいけれども、よく考えてみれば、そういうように世話をしてもらったことを内面的に思い出して感謝することは、この時期の子どもにとっては能力的に無理ではないかということなどです。つまりは、子どもにとって何が可能なのかということを検討しなくてはいけません。まだデータが乏しいので、たとえばこういう問題設定で調査をするとします。すると、研究がずっと実践志向的になってくるわけです。実は私自身もそういう研究をやってみたいなと思いながらまだやっていません。まだ誰もやっていないようです。

ちなみにこれは、発達心理学者にはおもしろいテーマだと思います。どうしてかというと、子どもの頃を振り返って自分を考えていくというのは、有名なエリクソンのアイデンティティの形成と関わるでしょう。15歳ぐらいから20歳くらいの青年期の発達の課題でしょうか。しかし、学校現場ではこういう具合に8歳でやったり10歳でやったりしています。ずいぶんずれているのです。逆に高校生、大学生が生まれたときからを振り返るという課題を研究している人はいるのですが、その辺のギャップがおもしろいのです。

心理学では最近、ライフストーリー（人生物語）の形成と呼んでこのあたりの検討が始まっています。過去を振り返るとともに、中学、高校、大学ぐらいで将来展望が出てくるので、将来自分がどういうふうになるかという見通しをもつようになります。将来に向けてのある種のシナリオを作っていくという実践が以前から欧米圏であるのですが、最近だんだん、日本の実践現場にも入ってきました。キャリア教育の中で将来展望を作らせていくのです。たとえば就職活動をしている大学生に、人生のこれからについてのシナリオを作ってもらって考えさせるという実践があります。

現場に入っていく研究者のあり方として、まずこういう具合に、実践志向の問題を立てながら、実践と組んで研究していくことができます。ただ、なかなか難しいところもあって、たとえば今例にあげた生活科の教科について生活科教育の専門である研究者が研究する分には問題ありませんが、普通の発達心理学者や教育学者がそういうことを研究しても、その属する学会の中ではかなりレベルが低い研究だと見なされがちなのです。ですが、こういうストラテジーがあるということです。

実践へのフィードバックの改善

二番目が、フィードバックを改善することです。たとえば、学校現場に行って、ビデオを撮ったとします。ビデオを撮りそれを文字に起こして分析した経験があればわかりますが、きわめて手間がかかります。ビデオを撮ってそこから何らかの研究成果が出るまでには、相当の時間がかかるのです。たとえばたかだか十時間か二十時間のデータでも、文字起こしするだけでその何倍かかかります。新入園の1学期にビデオ観察をおこない、夏休みに文字起こしをして、2学期に分析を進め、などでやっと結果が出てくるのが翌年の1月ぐらいになるのは普通です。半年で結果が出れば早い方です。質問紙研究は入力作業その他が速いですから、もう少し早く結果が出るかも知れませんが、それでも三ヶ月や四ヶ月はかかるでしょう。そういうふうに時間がかかったあげくに、先ほど言ったように、現場にはどういうふうに実践に関わるのかよくわからないような報告が渡されるわけです。

毎週行くような場合にはその都度お礼状を出すのはおかしいので、それよりは何か具体的な授業に関わることを返すとよいでしょう。だから、そういう最終的な結果報告とは別に、適宜迅速にフィードバックする習慣をつけるとよいのです。授業を見に行ったりビデオを撮るとき、メモをとって、そのメモを整理したものを次回に渡すというやり方です。そのメモの中身は研究者によって、また観察される側の先生との関係によっていろいろです。一番単純なのは、観察研究の場合だったら、先生がこう発問して、生徒の反応がこうでという事実をその場でメモしたものを清書して、渡すことでしょう。一週間もあればできます。

コメントを入れていくとどうしても評価が入るので、学生や院生がうかつにやると危険ですが、そういうこともできます。危険というのはどういうことかというと、うかつに批判めいたことを言うと信頼関係のないところでは相手を傷つけるということです。保育も授業も流れの中でやっていますから、誰か手をあげたのに無視したとか、そういう部分的なことを取り上げて批判されても意味がないということがあります。

授業のことがわかる人がやるときには中身に関するコメントを返して、この授業のこの辺がまずいのではないかとか、この発問はちょっとなど評価を入れてメモを返すだろうと思いますが、まだそこまでの力がない、あるいはそういうことをやるには相手との信頼関係がまだ十分ではない場合には、単に事実を書いて戻した方がよいでしょう。

これは簡単なことだと思うのですが、こういうことが研究者に定着したのはこの20年くらいのことで、昔はそういうことをほとんどしなかったようです。レポートを教授に出して、教授からそのレポートをコピーして先方に渡すことはあったでしょうが、学校の先生に研究者が直接メモを渡す習慣は、ほとんどありませんでした。

信頼関係を作る

三番目は、信頼関係を作ることです。特に教育の現場でいわゆるデータをとるとき、それができるためには、ある種の信頼関係が必要です。つまり、あの研究者だったら、何かよくわからない調査だけれど、まあ意味のあることをやっているんだろうね、と思ってくれたり、あるいは、調査自体はどうかなとは思うのだけれど、義理もあるしな、といったことです。信頼関係ということの中には、いろいろお世話になっているし、まあ、しょうがないかな、ということも含まれるでしょう。教員養成校で教えていればたいてい現場に教え子が行っていますから、「頼むよ」と言うと、まあ、昔の先生だししょうがないなと、ぶつぶつ言いながらも応じてくれるわけです。そういう、広い意味での信頼関係です。信頼関係と言えばうるわしいようですが、もちろんさまざまな妥協があり、打算もあります。取引関係に近いようなものもあるでしょう。

私がいつもそういった調査をしていることを知っている先生たちは、私がいろいろお世話することもあるので、「いろいろありがとうございました」というついでに、「データならいつでも提供しますから」とわざわざ言ってくれる先生もいるぐらいです。取引みたいに見えますし、それは半ば本当ですが、そのベースには、先ほど言ったように、この研究者ならちゃんとした調査をしてくれるとか、われわれがやっていることを無意味にはしないとか、よくわからない難しい話だけれども、これはどこかで役立つだろうというようなことを思うわけです。そういう、基本的なところの信頼関係というものを作っていく必要があります。

その信頼関係をどう作っていけばよいのでしょうか。現場の先生も、特によく勉強する人たちは大学の研究者がやることを見ていますから、たとえばあの研究者は良い仕事をしているとか、現場で役立つことをやっている、あるいは折に触れて現場の改善に役立つようなことを発言してくれるとかを見ています。そういう信頼というものがあります。また、たとえばクラスに非常に多動な子がいて、どうしてよいかわからなかったときに、その研究者に相談したら、いろいろと助言をくれた、など、そういう信頼関係もあります。それから現場に関わる実践的な志向をもった研究者は、たいてい、学校現場の先生を交えたパーソナルな研究会をしています。そういう積み上げがあるのです。データが必要なときに突然学校現場にやって来て、「頼みます」と言ってデータをとり、何ヶ月たってからまた来て、前やった調査の結果はこうでした、星印（統計的に有意である印）がついているのはこれこれの意味がありますなどとわけのわからないことばかり言ったりするのでは、信頼関係は築けません。

以上の三つが、研究者としてのあり方の改善の方法です。これは特に過去20年間で進んできたと言えるでしょう。

研修会の講師として

研究者には、助言者としての役割もあります。現実の日本の学校教育の中で、助言者にはいくつかのスタイルがあります。一番多いのが、研修の講師です。それから、指導助言者というのがあります。コンサルティングというタイプのものもあります。

まず、研修の講師ですが、教育は制度化された実践であり、全体としての制度を国が作り、教育委員会が中心になって具体的な形を作っています。また、大学の教育学部が、教員の養成を担っています。研修は、こういう仕組みの上に成り立っています。よく官制研修と言われますが、これは基本的には指導要領が改訂されたときに改訂内容が上から下に伝達されますので、そういう流れの中での伝達講習です。現在学校教育の中で小中学校の教師に義務づけられているのは初任者研修で、これは最初の一年に受けます。十年たったときに義務づけられているのが十年次研修です。この二つは国が定めている研修ですが、それ以外に、各自治体で定めている研修があって、たとえば、5年たったら五年次研修でこれこれを受けなさいという規定があります。さらに、義務としては与えられていないたくさんのメニューがあり、希望して研修を受けるというものがあります。たとえば、生活科の指導のしかた、スクールカウンセリングについて、最近では特別支援教育とか、算数の低学力の子どもの指導とか、さまざまなテーマがあります。これを自分たちで選んだり、あるいは学校から行けと言われて行くような、さまざまな研修があります。

上からの研修ではない自主研修もあって、それにもいろいろなタイプのものがあります。一番多いのは民間教育団体がおこなうもので、さまざまな教科ごとに学会主催のかなり大きなものもありますし、もっと小規模なものもあります。ほとんどの教育学部の実践系の教授が何らかの研究会を主宰していて、それに参加するということもあります。

いささか個人的なことになりますが、小学校の教師だった斎藤喜博先生という方がおられました。戦後すぐの昭和20年代から30年代に群馬県の小さな島小学校というところで校長をしておられ、その実践で有名になりました。斎藤喜博全集が出ています。斎藤先生が小学校長を定年になった後、宮城教育大の教授になられました。それから全国的にも、いろいろな小学校で指導をされました。斎藤先生を中心とした研究会があって、それに私も数年ですが勉強に行っていました。ともあれ、そういう形のきわめて自主的な研究会もあるのです。

そういった研修に協力したり、自主的な研究会を主宰したり、研修の講師となるのが、研究者の大事な仕事となってくるのです。研修にどう取り組んでいくか、その中身をどうしていくかというのは、特にこの十年、自治体側もずいぶん模索して、やり方を変えてきています。

指導助言者として

二番目の指導助言者というのはどういうことかというと、日本には研究指定という制度があります。この制度は日本の教育実践を考える上で重要です。研究指定制度には文部科学省による指定、都道府県による指定、市町村による指定があります。少数ですが、それ以外の団体による指定もあります。指定というのは何かというと、要するに研究委嘱です。指定する側がこういうことをやってほしいと特定の研究テーマをもちかけ、学校側はそれではこういうふうにやりたいというその合意のところでおこなわれているのですが、文部科学省による研究指定の中で一番学校側の自由度が大きいのが、研究開発学校制度です。研究開発学校というのは、その指定を受けると指導要領の枠組みから外れるのです。それ以外の指定は指導要領の枠組みでやると、法律で決まっています。どういう意味があるかというと、たとえば、新しい教科を開発するときに、指導要領の枠を外さないといけませんが、それは研究開発学校でのみ可能なのです。ただし、ここ数年、別な制度も生まれていて、それは教育特区です。教育特区と研究開発学校制度の組み合わせもあります。

研究指定を受けると、通常、外部から指導助言者を得ることができます。交通費実費プラス多少の謝礼を出して、外部から講師を呼ぶことができるのです。外部の目からいろいろ指導を受けるということです。普段の予算ではなかなか助言者を呼べないので、これは学校にとってはよい機会になります。新しい試みに校長教頭以下内部で一所懸命取り組んでも、それだけですとどうしても行き詰まることも多いわけで、さらに勉強したいとか、自分たちがやっていることへの示唆を得たいというときに、助言者を依頼することができるわけです。

さらに付け加えると、全国の国立大学の教育学部はすべて附属学校をもっています。国立附属学校が国の研究指定を受けるときもありますが、受けていなくても、国立附属学校は常に研究する義務を負っています。そういう設立の趣旨なので、その大学の先生の指導の下で研究をおこなうのですが、外部からも研究者を呼んだりしています。

コンサルテーション

三番目のスタイルはコンサルティングです。コンサルテーションとも言います。これはかなり具体的な助言活動です。典型的なコンサルティングは生徒指導についてだと思います。通常生徒指導とか教育相談と呼ばれる分野があって、多くの学校が毎月のように内部的におこなっていますが、年に一回ぐらい、外部から人を呼んで研修をする予算がつくことが多いようです。そのときに専門家に依頼して、一般的な講義を受けることもありますが、多くの場合にはその学校で困っている事例を出して、たとえば、多動の子どもがいるけれどもどうしたらよいかとか、そういうたぐいの具体的な問題について助言を受けます。そういう子どもをどう指導したらよいかとか、算数のこういう指導についてはどういうふうにしたらよいかとか、そういうことを助言してしてもらうのです。助言者の主力は大学の教員です。それから各県あるいは市町村には指導主事という人たちがいて、彼らは指導助言や研修を専門にやることになっています。ただ、そういう人たちだけではやり切れないので、外部講師を呼んで組み合わせているのです。

さて、教育学部に属していて、かつ、実践に近い研究者たちの仕事の一つが、こういうコンサルテーションです。ある程度実践に有効な話ができるならば、呼ばれるようになります。何か役立つことを学校側は言ってほしいわけです。「一回来てもらったけれど、あの人の話はわからない」と言われると、あまり評判は良くなくなり、呼ばれなくなります（私はどうやらこれに近い気がします）。逆に、わかりやすくておもしろくて役に立つということになれば、いろいろなところでもてはやされるということになります。

四つの戯画的類型で助言者を整理してみる

いささか戯画化して、助言者としての関わりの四つの類型をあげてみましょう。どれも感心しないと私が思っているものですが。

一つは教祖型です。現場志向研究は先方との信頼関係を得る必要があり、また教員養成においては教師を養成するわけで先生対生徒という関係でもあり、それからまた研修に呼ばれるときには先生対受講生という関係でもあります。そういう中で、教育の世界における大小さまざまな教祖が生まれるわけです。その中には確かに偉大な人であり、誰からも尊敬される人もいますが、なぜだかわからないが教祖、というのがいたりします。どの世界にも教祖がいてそのミニワールドの中でおのが天下を支配しているものですが、特に教育の世界ではそういう教祖がたくさん生まれるわけです。その人たちが自分の弟子や教えた学生、自分のところに出入りしている人たちに囲まれながら小さい世界で自説を述べているのです。小さい世界の中の密な関係の中で実践を改善していくというシステムが動いていくので、必ずしも悪いことではなく、教祖というのは皮肉な言い方ですが、ある意味では授業を中心とした小さな改善システムがあちこちにある、とも言えます。

外国の研究者などが日本に来ると、そういういろいろな民間研究団体・研究会のたぐいがあって、教員が手弁当で勉強し大学の先生も手弁当で一緒にやっているのを見て感動します。確かに手弁当でやっているのは偉いのですが、偉さの裏側として、それぞれ小さい教祖になる危険があります。そこに自己満足してしまうと、研究という意味では閉じてしまい、進歩が止まるのではないでしょうか。

二番目のタイプは伝達型と言えると思いますが、これは官制研修などで上から下へ通達等を伝達するタイプのものです。役目としてやっている分にはよいでしょうが、だんだんその役目に研究者が巻き込まれていくと、なかには論文を書いても伝達講習みたいなことを書くようになることがあります。どこかで見たような文章だなという感じのことがあって、そういえば文科省の通達に書いてあったといったところでしょうか。

三番目が賛美型です。助言者を呼んだときに、その学校の実践をやたらとほめ上げる人たちがいるのです。誰だって呼んでもらったら、ある程度はほめるように努力するでしょう。私などもたまには虫の居所が悪くてけなすときもあってあとで反省しているのですが、やはりほめるように努力しています。ほめようもないものもあるので、そのときは大変です。そういうときに講師の話を聞いていると、無関係な話をしていることがあります。午前中に実践を見て講演するはずなのに、何の関係もない話をするというのは、ほめようもないときなのかも知れません。逆につまらない実践を延々とほめているのは興ざめなもので、それが結構あるのです。それは、ほめなければいけないと思っているということもありますし、ほめることで励ますという善意もあると思います。確かに、研究指定では通常、いわゆる授業公開・保育公開をしなくてはいけないのですが、先生たちにとっては慣れていないので非常に負担です。そのために一生懸命準備して資料も作り、普段やらないような細かい授業案の検討もした上で、公開してみんなからいろいろ言われるわけで、大変ですから、努力賞ということでほめるというのは当然あります。たとえば、一所懸命公開して偉かったとか、ここまで一所懸命まとめてご苦労様でした、というような、冷静に考えると何もほめていないと思いますが、よくやったと頭をなでているのです。たまに授業のことをよくわからずにほめているな、と思うときもあります。当たり前の授業をほめたりします。どう考えてもあれは教科書会社の指導書通りだなというような授業をほめるのは、みっともないですし、「あんなの、みんながやっているよ」というものをほめてもしょうがないのですが、そういうのでもほめ上げる、そういうタイプがあります。

四番目は、ひな壇型と呼んでいます。研究指定で授業公開、保育公開するとき、やや古めのスタイルでは午前中か午後のしょっぱなに実践公開して、その後にシンポジウムや講演会をします。そのときに、「やっぱりここは国立大学の教授がほしいよね」とか、そういうことで人選しているのです。「この辺は准教授じゃまずいんじゃないの」とか言う人がいます。そういうことで出てくる人をひな壇型といって、とにかく偉い人を呼んで、来た人をあっと言わせようというときのタイプです。

関わりを密にしつつ

以上の例には皮肉もあるのですが、それだけではなく、自分を戒めるということがあります。そしてまた、こういうスタイルは、ある意味ではやむを得ないのです。現場との関係を作っていく上で、大学教授がこういう役割を担わざるを得ないのです。問題は、これで終わってしまうと、教育研究が阻害されていくということなのです。こういう役割の中に入り込んで、それで安泰だと思った瞬間に研究者としてはアウトなわけで、研究がうまく動かなくなってしまいます。ですから、こういう役割を役割として引き受けるのはかまわないけれども、そういう中でどうやって実質的な意味での研究と実践の間のコミュニケーションを可能にしていくかということが大事だと思うのです。

傍からは同じように講演している、同じように助言をしていると映るかも知れないにしても、その中にいかに中身のあることを盛り込むかが肝心でしょう。またそれに応えて、一所懸命研究者との連携を考えている現場もあるわけです。そういうところは肩書きがほしいからということがゼロではないにしても、それだけではなくて、実質的なところでやっていこうとしているわけです。たとえば、研究指定は一年間のこともありますが、二年間とか三年間とか長めのことも多いので、そうときには何回か来てもらって、一緒にやっていこうという場合も結構あります。

たとえば、今私はいくつかの幼稚園と小学校と関わりをもっていますが、その中の一つが、東京の繁華街の真ん中にある幼稚園です。そこではミニ田んぼを作っています。それ以外にも木を植えたり、草花を増やしたり、いろいろと自然体験や栽培体験をしていくという取り組みをしています。二年間の指定期間の最後には発表会をするのですが、そこに私も助言者として行きます。その間、向こうの求めとしては毎月一回来てくれということなのですが、なかなか毎月は行けず、なんとか年に数回行って、保育を見たり、庭を見てこうしたらよいと助言したり、また、保育の基本的な考え方とか研究のテーマをめぐって、話をしています。本当に小さな公立幼稚園で、3歳児、4歳児、5歳児各一クラスずつで、先生は全部で四人です。私を入れて五人で研究会を進めています。

小学校の場合はもう少し大きい、二十数名ぐらいの研究会をしています。一番頻繁な場合には月に一回ずつ行くわけですが、最近はなかなかそれができないので、二ヶ月に一ぺんぐらい行く小学校も多いのが現状です。そういう継続的な交流を、多くの研究者がおこなうようになってきました。つまり、日頃からのコミュニケーションの中で一緒に考えていこうというふうになってきたのです。保育授業を普段から見ていく中で、研究テーマも動いていきます。そういう関わり方というものを、実質的にやっていく必要があるのではないでしょうか。

研究者としてのあり方と、助言者のあり方は、基本は違うと思います。特に心理学はデータにこだわる学問ですから、そこのところは助言という活動とイコールではありません。私は特にビデオに撮ったり質問紙を用いた研究をするので、研究と助言がイコールではないのですが、でも、助言者として関わるときであっても、研究者として考えるべきことを考えたいと思います。また、研究者として考えていることを助言者としての活動の中に組み込んでいきたいと思っているわけです。そうすることによって、助言活動をできる限り研究としてのレベルに近づけていき、そして同時に、研究も、学校現場の中での問題に直接つながるようなものにもっていきたいと思ってやっています。

第4章　園内・校内の研究会のあり方

さて、研究者が教育現場にどう関わるかということの、具体的な例をあげたいと思います。私の主なフィールドは幼稚園と小学校です。幼稚園に限らず、いろいろな種類の関わり方がありますが、この章では、幼稚園との関わりを中心に、三つのタイプの関わり方を取り上げたいと思います。まずその代表というか中心的なものが、いわゆる園内（校内）研究会です。

園内（校内）研究会での関わり方

一番目として、園内（校内）研究会を中心とした関わりについて述べたいと思います。日本の多くの幼稚園、小学校では、園内研究会とか校内研究会というものをやっています。その形はさまざまですが、おおまかに三つのタイプがあります。

一つは、校内、あるいは幼稚園内の問題をめぐって、先生方が話し合う機会を作るというものです。その場合に講師を呼ぶことも呼ばないこともあります。また講師を、園長、校長とか教頭、主任といった人たちがつとめるということも多いと思います。

もう一つのタイプが、外部講師なり指導主事なり校長なりがあるテーマについて話をして、それについて学ぶという機会を学校、幼稚園ごとにもつというものです。たとえば、発達障害や特別支援教育について学ぶといったことです。ある種の伝達講習をしていることが多いと思います。

三番目のタイプは授業研究、保育研究スタイルと呼ばれるものです。これは、みんなである特定の授業なり保育を見て、それについて話し合うという形のものです。ここ十数年のことですが、レッスンスタディー（lesson study）という形で、アメリカを中心として外国で、日本の授業研究を紹介している本が何冊か出ています。だいたいは小学校の授業研究分析です。日本からそういうことに長けている人たちがアメリカやカナダに指導に行ったりしています。こういう形で海外で紹介されて初めてわれわれが認識したことは何かというと、こういう授業研究とか保育研究というのは日本ではかなり以前からありますが、どうも諸外国ではこれまであまり一般的ではなかったらしい、ということです。

普通授業研究、保育研究がどういう形をとるかというと、研究授業（保育）をして、その学校、幼稚園の先生がそれを見るわけです。小学校で言えば、たとえば研究授業を5時間目にもってきて、他クラスの子を全員帰し、その5時間目の授業を全教員が見に行くといったやり方をとることもあります。最近は授業時間を減らすのが大変難しいので、他の一部の授業を自習にしたり、合併授業にしたりしながら、一部の先生だけ研究授業を見るということも多いようです。

研究授業では、たいてい、授業案を用意します。授業案とは授業計画のことです。小学校と幼稚園とではやり方が違いますが、小学校の場合、普通は単元の流れがあって、これが十時間からなるとします。そのうちの一時間を研究授業で取り上げるのですが、それを本時と呼びます。授業案には、その本時の進行について分刻みないし5分刻みぐらいで書いていきます。また、なぜそうするかという説明が書いてあることが多いでしょう。

よくあるやり方として、抽出児という表現をしますが、何人かの子どもを決めてその子を中心に見るというやり方をとったりします。最近はビデオに撮ってそれを見直す形をとります。さらに、その後の分析の手法もたくさんのやり方が開発されていますが、基本的には、授業を振り返り、討論するということです。

振り返っての討論にはいろいろなやり方がありますが、どこでもうまく機能しているわけではありません。調査したわけではありませんが、研究授業を見に行ったりそれに呼ばれたりしたときの印象から言えば、わりとうまくいっている場合と形式的な研究授業になっている場合とがあると思います。

よくあるスタイルでは、研究授業の後、その学校の教員が集まります。そしてまず、授業を担当した先生が自分の授業についてコメントします。つまり自分を評価するわけです。延々と語る人もいるし、「まあ、やってみたので、コメントをください」と、ことば少ない人もいますが、ともかく自評があります。その後、その授業について、参加した人がいろいろなコメントを述べたり質問したりし、最後にはたいてい、校長や指導主事、あるいは外部から呼ばれた講師がコメントします。だいたいこの三本立てでできています。

これらの指摘がきわめておざなりであることがよくあります。最後の講師のコメントも含めて意見が一般論、抽象論であったり、それからたとえば、授業公開した先生に「一所懸命よく準備してがんばってよかったです」というようなコメントを言うことがよくあるのです。「子どもも元気でよく発言していたし」みたいなことを言うのですが、そういうコメントで終わってしまう授業研究会というのはあまり生産的ではありません。なぜ問題かは、そういう発言が出る背景を見るとわかります。一つは研究授業をやりたい人がいないため、たぶん無理矢理やらせたのでしょう。なので批判できず、せいぜいほめているのです。しかしほめる内容がないので、とにかく公開してくれたということをほめるわけです。それから、とにかく子どもが生き生きしていてよかったとか、子どもの目が輝いていてよかったよ、とか言うのです。指導主事なども、よくそういうことを言います。こういうコメントはほとんど意味がありません。授業をまったく見なくても、発言の直前にその場に行って、「今日は先生がんばってよかったし、子どもたちも何か生き生きしてよかったし、こういうことをもっとどんどんやりましょうね」と言えるわけですから。

こういう研究授業でも一つだけ意味があるのは、授業を公開する癖をつけるということです。日本の幼稚園も小学校も授業研究、保育研究が活発だと言いましたが、しかしすべての学校でされているわけではありません。調べたわけではないのですが、公立小学校でも、こういうことをきちっと定期的にやっているのは、半分よりは多いと思いますが、でも、全部ではないわけです。地域によっては、やっていない学校の方が多いところもあります。それから先生によっては、自分の授業を他人に公開したという覚えのない人たちもいると思います。半分まではいかないでしょうが、何分の一かはいます。そういう実情もあるので、公開することをほめることは必要なのです。それから、地域によっては公開授業をやる習慣がなく、ほとんどの小学校がそういうことはしない、というところも結構あります。つまりこういうことを一所懸命やっているのは多くの場合、だいたいは附属小学校か、あるいは附属に準ずる小学校なのです。附属に準ずるというのは何かというと、準附属という言い方で教育実習を引き受けることを指定されている学校が地域によってはあるのです。それから、その地域の中心校として教育委員会が伝統的に処遇しているところもあります。

ちなみに、こういうシステムは日本の学校教育を考えるときに、なかなかおもしろい問題だと思います。つまり、日本の小学校の場合、公立小学校はみな平等のように見えますが、必ずしもそうではないわけです。地域差は当たり前ですが、それとは別に、小学校のランクというのがなんとなくあります。絶えず研究指定を受けたりして、授業研究を活発にやっているいくつかの学校が伝統的にあるわけです。そこにはそういうことを承知で先生たちが移されてきますし、教育委員会としても人事をするので、わりと、研究熱心な優秀な先生たちが集まります。毎年公開授業をやってその地域の中心校になり、そこで鍛えられた先生が周辺の学校に散って、水準を高めていくというやり方をとっているのです。

こういうスタイルが全国に広がったのはいつのことかはっきりしませんが、もちろん昔から熱心な学校ではやっていたと思います。日本全国の中でも授業研究会が盛んな県がいくつかあって、たとえば富山や長野などです。富山県富山市に堀川小学校というところがあるのですが、そこは授業研究会で有名です。その授業研で授業を公開して議論している先生たちの熱い戦いにはなかなかすごいものがあります。なれない人はいたたまれないぐらい強烈な議論のようです。それは古き良き時代のやや古めかしいスタイルのものです。古めかしいというのは悪いという意味ではなくて、古典的な授業研のスタイルだということです。非常に熱いもので、昔の学生が人生論をたたかわしているようなスタイルで、全体としては「授業道」とでも言えそうなものがありました。

授業研究会の近年のあり方

それに対して、この十数年の流れは、もう少しおだやかにいっていると思います。新しい流れをリードしたのは東京大学の佐藤学さん[*]と京都大学にいた藤岡完治さん[**]です。佐藤学さんは学問的な業績も多々あるけれども、日本の学校教育における授業研究会のスタイルを大きく変えた方です。その骨子は、学びの共同体としての学校を作るということにあります。藤岡さんは横浜国立大学から京都大学に移られて亡くなったのですが（京大の教授で定年の少し前だったのですが、ある日突然、病で倒れて一年ぐらいで亡くなりました。私は大学院時代の知り合いであり、同じ小学校に助言者として長く関わったこともあって親交があったので、その後を継ぐという思いがあります）、藤岡さんの業績の中心は、リフレクション、つまり、授業で起きていることをみんなで振り返りながら、それを記述していくスタイルを開発して推し進めたことです。子どもたちは何をしていたのか、そこで子どもが考えたりわかっていく様子はどういうものであったかを記述し、その中での教師の指導がどう良かったのか悪かったのかということを、丁寧に具体的に考えていく、そういう作業を徹底して積み重ねる中で、学校を変えていくというやり方です。佐藤さんの方法は、そういうことをしながら、それを普段の授業を含めた学校全体の改革につなげていくあたりが特徴だと思います。

いずれにしても、こういう人たちやその他の流れの中で、単に偉い人が来てほめ上げるおざなりの形式的な授業研ではない、授業の具体的な中身に即しながらみんなで考えていこうというスタイルがだんだん広まっていったわけです。

教育の世界には先にも述べたようにさまざまなミニ教祖がたくさんいるので、そういう人たちの一言一句をかしこまって拝聴してありがたがる人たちもまだたくさんいます。教育という狭い世界では、普通程度に偉い人たちが教祖になってしまいがちです。教祖にならないための仕組みを、かなり意識的に組み入れなければいけないのです。その仕組みの一つは、今述べたように、できる限り授業の流れや発問、子どもの反応に即して議論していくことです。これが近年、典型的な授業研究のスタイルとなってきました。

こういうやり方を学校全体の改革にどうつなげていくか、ということが、この十年ほどの流れの中でテーマとなっていることです。特定の授業を良くするということももちろん重要ですが、研究授業の負担があまりに重すぎると、研究授業疲れのようなことが起きてきます。つまりそのために一所懸命に、下手をすると他の授業を放っておいてその準備だけをしたり、今度算数の研究授業をしなくてはいけないとなったら、国語の時間や図工の時間を放っておいて、とにかくそこに集中する、といったことが出てきます。それでは本末転倒というものです。そうではなくて、研究授業で他の人に見せるからがんばるわけですが、そこでがんばったことがその先生の全体の改善につながり、またそのクラスや学年、さらには学校全体の改革にまでつながっていく、そういう実践研究を目指すのが本来でしょう。そのために、どうしたらよい

＊佐藤学（２００６）『学校の挑戦――学びの共同体を創る』小学館
＊＊藤岡完治（２０００）『関わることへの意志――教育の根源』国土社

かということです。

一つは、研究授業による分析を、さらに日常化していくことです。そしてそれを、すべての時間、すべての学習環境につながるようにしていくことです。日常化していくというのはどういうことかというと、まずは気張らずにやることです。研究授業をする特定の先生だけではなくて、見ている全員が発言できて、自由に討論できるようにしようということもあります。できる限りそこで扱っている問題を、普段の授業で先生たちが気になることやなんとかしたいと思っていることに近づけていくということもあります。それは当たり前のようですが、実際にはそうでもなくて、研究授業というのはしばしば研究指定で与えられたテーマでおこなわれることが多いので、普段の授業とはかけ離れることがあるのです。それからまた、人に見せるためにわりと突飛なことをやる先生たちもいるわけで、普段はそんなことはやらないだろう、という大げさなことを試みることがあります。たとえば、生活科とか総合的な学習が導入された頃には、地域人材と称して何十人も外部の人を呼んだお祭り騒ぎの授業が結構ありました。それ自体は悪いことではないにしても、年に一ぺんお祭りの授業をやってもしかたがないわけで、普段の授業の改善につながることを授業研究を通して見つけていかなければいけないということです。

二番目のすべての時間というのは、その先生の専門が算数や国語であっても、その先生もたとえば道徳も教えるし体育を受け持つこともあるでしょうし、学級指導もあります。そういうすべての時間を考えていこうということです。さらに言うと、学校全体の改革につなげていくときには、授業だけではなくて会議の持ち方であるとか、校務分掌をいかにして効率化するかとかの問題もあります。たとえば、朝の職員会議の時間について言えば、最近いくつかの小学校では朝の職員会議を廃止しています。単なる連絡事項の場合にはたとえばボードにメモを貼ることにし、本当に話し合いが必要なときにだけ集まるのです。そうすることによって何が良くなるかというと、朝の授業にあてる時間が増えるわけです。ですから、子どもに向かい合える時間が増やせることになります。もちろんそれが可能になるためには、校務を効率的に分担できる体制を作る必要があります。

すべての環境とはどういうことかというと、授業というのは教室の中で先生が説明するという形が主となりますが、実はそれ以外にも、たとえば教室における壁面構成、つまり何を貼っておくかとか廊下における掲示物への配慮があります。また、校庭や、あるいは教室から校庭に出る玄関とか、そういういろいろなところすべてが学習環境となります。特別教室の使い方もあります。そういった学校の環境のあり方というのは、学校建築の問題でもあって、校舎を造り直さなくてはいけないとなれば簡単ではありません。しかし古い建物のままでも、掲示その他を変えていくことはできます。

こういうことをすべてやっていくことを通して、学校改革し、学校をボトムアップに変えていく、つまり普段の授業を変えることから始まって少しずつそれを学校全体に広げていくやり方が生まれてきました。そういう地道な作業が、私の見方では、１９９０年代から日本各地でかなり広がりつつあると思うわけです。そういう流れを頭に置いて、私たちがおこなっている具体例を取り上げたいと思います。

ある私立幼稚園の園内研究会の例

以下に述べるのは、ある幼稚園の園内研究会の話です。東大の教育学部の秋田喜代美さんと私とで、ある幼稚園の園内研を20年近くやってきました。その幼稚園に年に3回ほど行くというやり方をとってきました。小さな私立の幼稚園なので、そういう条件の中でやっています。午前中は観察をします。これは研究授業ではありません。もちろんわれわれが見に行くのは知っているので、いつもよりはしっかりやっているとは思いますが、普段の保育です。年により変動しますが全部で5、6クラスあります。3、4、5歳児です。担任は6人います。あと、補助の人がいます。園長はいますが、小さい幼稚園なので副園長はおいていません。午後は間に昼休みが入ります。園内研の話し合いは、3時間ぐらいでやります。前もってある程度資料が用意してあります。ただ、その資料は幼稚園のスタイルに沿ったものです。基本的には一週間を単位とします。月曜から金曜までの先週、今週という流れが書いてあります。それから今日、9時から始まって1時頃までどういうことをするかという流れが書いてあります。それと同時に幼稚園の今週の狙いとか主な活動という欄もあります。それから幼稚園というのは、子どもごとに個別の配慮があるので、そういう流れの中でAちゃんは~というように、子どもの名前は番号だったり愛称だったりしますが、そういった形で子どもごとの記述も入れていきます。

このやり方の狙いの一つは、研究授業というとハードルが高いので、そうではなくて、普段の保育を取り上げていこうということです。特に私立の小さい幼稚園では、ほとんどの先生は新任からだいたい勤務年数が5、6年たったところで辞めます。短大、専門学校卒の人と四大出の人がいますが、四大だとすると22歳から5年で27歳になります。私立幼稚園ではほとんどの先生が30歳までに辞めます。ですから長い人で、5、6年の経験年数です。小学校もそうですが、一応一人前の幼稚園の先生になるには5年くらいかかるでしょう。10年やれば、相当自信をもったしっかりした先生になる人はなります。なれない人もいるでしょうが。5年というのは十分自信をもつということはないけれども、一通りのことはできるという段階です。この園では、それが最後の段階となります。もちろん6人のうち3人は新人とか、そういう年もあるわけです。20歳だの22歳の学校出たての人が担任をやるわけです。ですから、なかなか難しいわけです。

先ほど例にあげたような、国立の附属を中心とした授業研究会というのはハイレベルですが、そういうものとは違って、どちらかというとこれは、ある種の現職訓練（on-the-job training）的な要素をもっています。しかし同時に、園長も入ってみんなで考えるので、園の改善でもあるのです。つまり、その先生が保育をするときにどういう教材を使うかとか、どう説明するかというレベルの訓練に加えて、保育室をどういうふうに作っていくかとか、幼稚園の庭をどのように変えていくか、一日の活動の流れについてどうするかといった議論も出てくるわけです。私立幼稚園というのはだいたいが自由に遊ぶ時間とみんなが一斉に活動する時間とを組み合わせていますが、その組み合わせ方やその中身を考えていくのです。

現職訓練としてどういうことをやっていくかというと、基本的にはその場で気づいたことにもとづいて、先生一人ひとりに助言を与えていきます。新任の先生は、5月とか6月の段階では学校を出て2ヶ月ぐらいしかたっていません。当然ながら保育は下手です。学校では、理屈は学んでも実践は多少の実習以上にはやっていませんからしかたありません。そうすると、たとえばなかなか子どもをまとめられないとか、子どもに注意が与えられないというような問題が出てきます。幼稚園の子だから、先生がちょっと説明すればみんながこっちを向くなどということはないわけです。よく小学校で学級崩壊と言われますが、幼稚園では学級崩壊なんてないのです。どうしてかというと、子どもが立ち歩くことは当たり前ですから、そういったことをいちいち崩壊とは呼ばないのです。そういう子どもたちをまとめていくのは大変です。子どもが立ち歩いていてしょうがないじゃないか、と言っても意味がないので、具体的に先生ができることをどう伝えていくかが助言者としての課題です。

私が助言者として心がけていることがいくつかあります。一つは明日からできるであろうことを言うということです。それから、必ず何かをほめます。つまり、良い点と改善点を両方言うということです。ほめるというのも先ほどから言っているように、がんばってよかったとか、そういうほめ方は無駄なので、もっと具体的に「ここがいい」というところをきちっとあげていきます。この間まで学生だった人が数ヶ月たってやっているときにはほめようもないのですが、無理にでも良いところを探してほめるわけです。

まずい点というのは、幼稚園に行くとすぐわかります。自分がやれと言われてもできないですが、まわりから見ていると、下手だなというのはすぐに見て取れます。たとえば、すぐに気づくのは、声の出し方とか先生の立ち位置です。初心の先生は子どものそばに行くなど、距離を自由に動かしていくことがなかなかできません。共通して、先生の話す位置が高くて子どもの頭の上を通り抜けているような感じがします。もうちょっとしゃがんで話す方が幼児には向いています。幼稚園の子ですから、全体を見回して話しても聞いていません。一人ひとり顔を見て目を合わせないといけないのです。それから話しかけるときには、たとえば近づいたり全体を見たりという動きを入れていかなくてはいけないのですが、それがなかなかできません。さらに、多くの新人がことばが多すぎます。ことばが多いと、1分か2分は聞いても、あとは聞いていないので、いかに短いことばで伝えるかを工夫しないといけないのです。

これは小学校も同じですが、子どもが騒ぐとかおしゃべりするとか、よそを向いているといったことはよく起こります。そういうときに、小学校の初心の先生もそうですが、幼稚園でも先生はみんな大きな声を出します。しかし子どもがうるさいときに大きな声を出すのはマイナスなことが多いものです。どうしてかというと、子どもがうるさいとき、先生がさらにうるさくすると、うるさい行動を強化することになるからです。先生はモデルとしてうるさくすることを示していますから、子どもがうるさいときに先生がさらにうるさい声を出して鎮めようとするやり方は、声が大きい方が勝つという戦略を教えているのです。小学校の先生は注意しても聞かないと、今度はスピーカーを持ち出してがんがんやったりします。運動会の練習などや広い校庭での朝礼などではしかたがありませんが、そういうやり方は子どもが静かになり、注意を向ける力を育てるためには有効ではありません。どちらかというと、意識的に声を落とすなど、声の大きい・小さいの使い分けをうまくやる必要がありますし、タイミングを変えていくと効果的です。

園の改善としては、たとえば幼稚園の活動によっては、並んでいる机と椅子を片づけて真ん中を広く空け、みんなが集まった方がよいわけです。しかし、初心のうちはそういうことに気づかなくて、固定の席に座りっぱなしでいくわけです。そうするとある活動はよいけれど、別の活動はやりにくくなります。

幼稚園の庭について言えば、小学校のグラウンドのような園庭が子どもにとって使いやすいわけではないでしょう。幼稚園の場合なら、滑り台やジャングルジムとかいろいろと遊具が置いてあります。花壇があったり、動物を飼育している小屋やその他があったりするわけです。たとえばそういうのもどう作るか、どう配置していくかといったことを検討できます。今お話ししている幼稚園で言えば、私たちが出向くのはたかだか年に3日ではありますが、それを十年以上続けていくことによって、だんだん変わってくるのです。

不思議だなと思うのは、新任の先生は特別に優れた人が来るというわけでもないのでしょうが、4月に園に来て5月6月7月と、せいぜい半年ぐらいのところで、レベルが上がってくるのです。上がるといっても人によっていろいろですが。特に記録の取り方と計画の作り方にかなりの力がついてきます。どうやって子どもたちの活動を記録していくか、またこれからの活動を計画していくかです。これは単純には、一つは書くものの量が増えてくることに表れます。あまり良い指標ではありませんが、私が関わって園内研を始めた頃は、先生たちは記録や計画を書かなくてはいけないことが辛くて、一ページを埋めるのが大変でした。けれども数年たってくるとそれが楽になってきて、普段も研究授業のときほど詳しいものは作りませんが、書くことが苦でなくなってきました。子どものその日の数時間、いろいろやっていることをあとでメモしておくのですが、それも楽にできるようになってきました。これは基本的には話し合いを重ねているということもあるし、先輩がやっているものをまねして新人の人たちが書いていく、そういう積み重ねができてくるのだろうと思います。

もう一つは話し合いの時間がかなり変化し出します。何年かやっていく中で、担任の先生たちがいろいろなことを話すようになってきます。お互いに相手の保育について述べることもあるでしょう。また、園で問題になっている、たとえばクラスを越えて走り回ったりしている子どものことについて考えを出し合うようになります。自分のクラスの問題、自分が悩んでいることについても、たくさんのことを語るというふうになってきました。ですから、始めた頃は担任の先生たちはちょこっと話すだけで、こちらが延々と解説をしていたのですが、しだいに3時間という枠の中で、園の先生たちが順繰りに話す時間の方が長くなってきました。それを適当に切らないと、止まらないというぐらいに変わってきました。

それぞれの人たちが記録したり話す力をかなりもってきています。それは単なる文章力の問題ではなくて、保育を見直す力というものがかなりついてきたということだと思うのです。それは単に個人の力によるというだけではなくて、園としての積み重ねの中で、一人ひとりが教師、保育者として成長していくということを示しています。そこが大事なことではないかと思っています[*]。

園環境の改善のアクションリサーチの例

次は、幼稚園の環境を改善するという試みをおこなった例です。その私立幼稚園の建物は立派で現代的でおもしろい建物なのですが、ある時期、経営や保育方針の問題もあったのでしょうか、かなり子どもの人数が減りました。ということで、私の知り合いの先生が、十年ぐらい前に立て直しのためその幼稚園に呼ばれ、私も手伝いに入ったのです。この園長先生は大変に有能な人で、いろいろな改善をおこなって、実質的には5年、最終的には7年ぐらいで、子どもの数を定員に近い150人ぐらいにもっていきました。私立の園ですから、いかに研究者が高級な助言をしても、つぶれたら元も子もありません。要するに実践として高いレベルにもっていくと同時に、経営としても成り立つということを常に考えなくてはいけない

＊秋田喜代美・無藤隆（1995）「コンサルテーションによる保育環境の構成」『保育学研究』33、210－217
（なお、これは比較的初期のかかわりの分析であり、本文の記述はむしろその後の変容について述べている。）

わけです。それはもちろん矛盾することも多いのですが、なんとか両立させることが大事なわけです。

そういう中で、私たちは園環境の改善をいくつか試みました。仙田満さんという建築家がいます。『子どもとあそび[*]』や他の本もたくさん書いていて、幼稚園の園舎のあり方、あるいは園環境のあり方の基本原則をいろいろ示しているのですが、そういうものを私たちも勉強しながら考えたのです。そこで唱えられているいくつかの原則のうちの一つが回遊ということであり、また、隠れ家といったものです。こういう原則は仙田さんだけが言っているわけではなくて、私も別なところで書いていますし、他の学校建築や子どもの遊び場作りに興味ある人たちがいろいろと似たことを言っています。回遊というのはぐるぐるまわるということです。これは特に幼稚園の設計の基本原則です。幼稚園の保育室においては、出入り口を二ヶ所作ると、子どもの動きに流れが生まれます。

別のある幼稚園の例ですが、二階に広い遊戯室があり、みんなが一緒に遊べます。階段があり、部屋があって、廊下があってホールがありますが、遊戯室への出入り口が一ヶ所なのです。こういうふうに作ると、二階というせいもあるのですが、なかなか小さい子はここまできません。その上、ホールの入り口周辺でグループが遊んでいると、他の子はまず入ってきません。少人数で使うことになってしまうし、グループとグループとの接触が制限されてしまうのです。幼児が何か新しい遊びを始めるときに典型的におこなう活動は、ぐるりとひとわたり歩いたり走ったりして回ることです。たとえば、一つの遊びが20分か30分続いたらたいてい飽きて、何かおもしろいことはないかな、とぐるっと回って、どこか探して入るとか、始めるとかします。その回ってくるということができるようにしておかなくてはいけないのですが、同じところから出入りするとなると、ぐるっと回ることをあまりしないで、入り口でのぞいて入らずに行ってしまうのです。回遊できるようになっていれば、子どもたちが幼稚園の全環境に接していけるのです。そして、子どもと子どもの出会いがいろいろなところで生まれることにもなります。

この二階に遊戯室のある幼稚園のもう一つの問題は距離です。たとえば、一階にいる子どもたちはなかなか二階に上がらないのですが、逆に二階に3歳児のクラスを置いたら、3歳の子にしたら、階段をトントンと降りるのは簡単ではありませんから、園庭に出てくるのが大変です。そうすると、3歳の子どもたちの動きは相当制約されます。

小学生だと6年生を四階にもって行っても休み時間にだーっと校庭に降りてきて、またたーっと上がって戻れるのですが、1年生や2年生はそうできませんから、だいたい一階に入れます。一階を職員室とか事務室にして二階以上に教室がくるようにした学校建築も結構ありますが、その程度でも1年生の動きはかなり制約されます。この距離の問題は高層建築のマンションでも同じです。四階以上になってくると子どもの動きが制約されますし、エレベーターを使わないと動けないような高層階だと、幼児や小学生の場合には外遊びが減るので、運動量も減るようです。

もう一つは隠れ家とか踊り場です。ただグラウンドのように走り回れる空間は幼児にとってはよいとは言えなくて、回遊できると同時に、ある程度見通しがききながらも所々くぼみを入れるのです。停留するような場を入れると、そこでたまることができます。子どもたち、特に幼児は、ごっこ遊びをするとかおしゃべりをするとか、そういうときに座り込んだり、あるいはテーブルを使ったりする適当な場が必要で

＊仙田満（1992）『子どもとあそび――環境建築家の眼』岩波書店

す。そのときに、たとえば机も椅子も何もないただの空間の部屋で人形とかを用意してごっこ遊びしてもよいと言われても、すごくやりにくいのです。そうではなくて、部屋の端に机を置いてコーナーを作って、そこにゴザを敷いて人形や衣装や台所用具を置くと、たぶんごっこ遊びが始まります。子どものサイズに見合った小さな空間が必要で、だいたい幼児でいうと、畳で二畳くらいの小空間がほしいわけです。場合によってはもっと小さい半畳ぐらいの空間とか、いろいろ組み合わせることができます。

さらにそのときには、子どもたちにとって多少囲まれているという気分を作り出す必要があります。たとえばテーブルの椅子をどけてそこに子どもが座り込むと、子どもの視線からはまわりが隠れます。ですからそういうふうにすると、子どもにとっては隠れ家っぽくなってくるのです。最近の新しい小学校の建物などにはアルコーブとかデンとか呼ばれる、廊下の部分がちょっと引っ込んだような小さい空間が作ってあったりします。大人からはある程度見えるのだけれど、子どもからするとちょっと閉じた感じになるよう工夫しています。

そういうことをいろいろ考えて、今取り上げている園環境の改善を試みた幼稚園の場合には、園長が先頭に立っていくつか改造をしました。たとえば、長い廊下があるのですが、一階から二階に行くときに緩やかな傾斜のスロープになっていて、途中で折れ曲がり、視野の変化がおもしろいのです。ただ、困ったことに二階の子が下の方に急いで行きたいときには日本の庭園みたいにあちこち回って行かなくてはならず、まどろっこしいということがあって、途中の折れ曲がるところに階段を作りました。一、二階を直接行き来できるようにしたわけです。かつその階段をまっすぐに作ってもよかったのですが、途中に踊り場を作り、そこでも遊べるようにしました。またその踊り場の横の壁に、小さな窓を作りました。透明なガラスをはめ込んで下が見えるようにして、そうすると下で何をしているかを子どもが見渡せます。

さらに、二階のところに四畳半ぐらいの木のテラスを張り出して、その木のテラスから外階段を作って直接、庭に降りられるようにしました。他にもいろいろ細かい改造をしましたが、そういう形で回遊空間と踊り場の空間を新しく作って、子どもたちのいろいろな動きが混ざりあうようにしたのです。

このあたりの研究は、典型的なアクションリサーチです。新しく赴任したこの幼稚園の先生が、この園を良くしたいと考え、活動内容をいろいろ新しくしていき、同時にこの幼稚園の園舎をもっと使いやすいものにしたい、子どもの遊びがうまく活発になるようにしたい、ということで、いろいろな工夫を取り入れていった中で、私も関わって一緒に改善を進めました。私の他にもう一人共同研究者がいるのですが、その人がこれによって子どもの活動がどう変化したかという記録を継続的にとりながら、その良さを検証していきました[*]。

ちなみに、この園では他にもいろいろな試みをやっています。たとえば、コンクリートの三階建ての建物なのですが、その屋上に畑と田んぼを作っています。田んぼは屋上だからかなり分厚いビニールのようなものを入れて、その上に土を入れて作っています。そこは不思議な空間となっています。まわりはマンションばかりなので、隣のマンションの窓が見えます。こちら側で田んぼと畑をやっているのです。

なお、そういった新しい活動の試みと同時に、この幼稚園では何人か障害のある子も受け入れ、また外

＊福田秀子・無藤隆・向山陽子（２０００）「園舎の改善を通しての保育実践の変容Ⅰ――研究者と保育者によるアクション・リサーチの試み」『保育学研究』38、２２３―２３０

国籍の子どもも結構受け入れています。そういう支えも一所懸命やっている幼稚園です。

観察を通しての関わり

三番目の例は観察を通しての関わりです。私はある大学で教えていたときに、附属幼稚園と附属小学校で観察をしていました。自分の研究関心としてやっていたということもありましたが、もう一つには、学生の観察技術のトレーニングという狙いがありました。観察実習をそこでやっていたわけです。小学校では基本はビデオを撮ることでしたが、この附属小学校は一学年に3クラスあるので、その3クラスについて、毎週たとえば金曜日の2時間、観察していたのです。数年たって、だんだん面倒になって少し日数を減らしました。附属ですから継続的な観察が可能なので、同じ子どもたちをたとえば3年間ずっと追いかけるといったこともやっていました。

幼稚園の方は子どもが歩き回るとか動くとかがあるので、ビデオではなくてメモをとる観察をやりました。それは最初の頃は毎週一回、その後、隔週もありましたが、いろいろな形でやってきました。

観察の訓練としては幼稚園でとったメモを整理して検討していくというやり方で、小学校の場合にはビデオを撮ることが中心になるので、部分的にビデオ起こしをして授業を分析するということを、学生・院生の人たちにやってもらいました。そうやって訓練されて育った保育研究者や授業研究者が何人か出たわけです。

そういった観察を始めてからしだいに、これを幼稚園側、小学校側にとって、また担任の先生たちにとって、どうしたら意味あるものにできるかということを考えるようになったわけです。附属ですから大学の授業や研究に協力するのは当たり前だという考えもあるでしょうが、実は私が始めた頃は、そういうことはあまり当たり前ではなかったのです。附属小学校にビデオカメラを持ち込んで授業を撮りたいと申し出ると、初めのうちは、先生によっては嫌がっていました。つまり小学校の先生たちは、たとえば、算数の研究授業のときにそれを十分準備して見せる、そして議論するという研究会には慣れていましたが、われわれがやりたいと言っているように毎週金曜日のこの時間はとにかく行くという種類の観察はされたことがなかったようなのです。つまりそれは普段の授業です。毎週ですから準備もしていられません。そういうものについて、観察されるということに慣れていなかったのです。だから、「いったいあなたの仮説は何ですか」と聞かれたりしたのですが、しかしその頃はまだ、「フィールド研究に仮説はない」と正面切っては言えないので、「普段の授業が見たいのです」と説明しました。また、学生の観察技術のトレーニングもあるということも伝えました。

保育でも同じで、ともかく見せてくださいと依頼しました。もちろん幼稚園の世界では、小学校と違って特定の狙いや仮説をもって観察するということがむしろ少ないので、なんとなく保育を見たいということには慣れているのですが。しかし、しょっちゅう観察者が来て見られるということについては、附属幼稚園もかなりの抵抗がありました。むしろ、幼稚園としては、一所懸命保育をしているのにそばで見られると邪魔だということも言われました。それからたとえば3歳児は慣れるのが大変だから、3歳児の一学期間の観察はできないとも言われたものです。私は内心、研究者に見せないで保育の改善ができるだろうか、研究が可能なのかとも疑問に思いました。でも、そこはやはり慣れというもので、5年くらいたつとだんだん互いの理解と信頼関係が生まれてきて、最初のうちはビデオを撮られるのも嫌がっていたのが、最近は、先生たちも子どもも、観察されてビデオを撮られてもかなりのところは平気になっています。

その際に、こちら側の事情はそういうことですが、先生たちにとっても意味のあるものにしたいので、メモを渡すことを始めました。保育や授業で見たことを毎回メモして、それを整理し、とにかくその週なり翌週に先生に渡したのです。何か難しいコメントが書いてあるというものではなくて、幼稚園で言うと、誰それと誰それが砂場でこんなことをしていましたというのが書いてあるという、それだけのものです。ただ、幼稚園の保育の場合は子どもがたくさんいて、さまざまな場でいろいろなことをやっていますから、先生たちはなんとなく、「ああ、あの子たちは砂場でなんかしていたな」とか「あの子たちはホールで積み木遊びしていたな」ということは承知していますが、それ以上のことはよくわからないことが多いのです。そこで観察者がいて、詳しく「大型積み木のこういうのを使ってこういうやりとりをしていました」という記録を渡されると、「ああそうか、こういうことをやっていたんだ」ということが見えてきます。ですから、とりあえずのところはメモによって、子どもたちがどういう活動をしているかという様子を先生たちが把握するということには役立つということをやったわけです。

そこからスタートして、次の段階にやったのは、先生たちの気になる子どもについて知りたい、あの子はどうやって保育してよいかわからないからもっと詳しく知りたいとか、あの辺の部屋の使い方とか遊具の使い方はどうかとか、先生が最近問題に感じていることがあるのですが、それに焦点を合わせて観察をおこない、記録を渡すということをしました。それも観察者があれこれ回答を与えるといった助言ではなくて、観察記録を渡して、そしてできればそれを渡したところで、毎回ではないにしてもときどき先生方と話し合って保育について一緒に考えていく、という方向に進んできたわけです。これなどは5年10年という経過を経ていますが、観察研究者、特に大学院生が、観察するということを通して間接的な形ではあっても保育を改善することへの役割を果たすということを考えています。

ということで、典型的な授業研究会のあり方とともに、そのバリエーションをいくつかあげました。その中で、ここでの例は幼稚園ですが、それが個別の保育を改善するだけではなく、園全体の改善にどうつなげていくかに関わるいくつかのアプローチを紹介しました。

第5章　政策過程への参加とは

ここまで、研究者が実践に関わるしかたとして、研究としての関わりと、その実践を良くするための助言活動を主に話してきました。もう一つの関わり方に、国や自治体の政策立案の過程に研究者が入っていくということがあります。

日本の教育行政は文部科学省による国の政策と都道府県および市町村の個別の行政との両方から成り立っています。それぞれに審議会とかさまざまな協力者会議その他があり、そこに学識経験者という形でいろいろな大学の教員その他が加わります。その参加の程度、参加する際にどういう形をとるかには、研究者によってさまざまな形態、濃淡があるでしょう。このあたりについて、たとえば、学習指導要領の形成過程でどういう議論がされて、そこに研究者がどういう具合に関わってきたか、あるいは時には関わらずに反対してきたかという流れを検討すべきだと思います。しかしその歴史については私の任ではないので、ここでは、私の乏しい経験をもとに、政策立案過程における研究者の働きを考察してみましょう[*]。

近年の研究者の役割の変化

おそらく、1990年代以降のことですが、日本の研究者と政策立案過程の関係が少しずつ変化してきたと思います。特に2000年以降、動きが変わったと言ってよいだろうと思います。その背景の一つには、日本におけるそれまでのイデオロギー的な対立と、それにもとづく両者の反発や乖離が少なくなったということがあるだろうと思います。いろいろな国を見ると、欧米でもあるいはアジア圏の韓国、中国、台湾、シンガポールなどを見ても、研究者と政策立案過程というのは、かなり近い部分があります。日本では、以前には距離があったと言えるかも知れません。

政策と研究者の関わり方の一つは、審議会等に研究者が参加していくというものです。もう一つは政策を担当する官僚として研究者が入っていくという形です。つまり人事の交流です。実際にさまざまな政策を立案する人たちはだいたいが各省庁の係長から課長クラスです。また文科省では、いわゆるラインではなくスタッフ側に、教科調査官といった役があります。そういう人たちの中に、大学の教員だった人たちが入ったり、あるいは学校現場の教員が入っていったりしています。

行政にはおおざっぱに言うと、政策の立案過程と実施過程があります。実施というのはある法律に従ってきちんとやっていく上での細目を考えたり、あるいはうまくいっているか監督していくわけですが、政策立案は、それ以前にどういう法律を作っていくかとか、どういう形の日本の現実のあり方を構成していくかという部分です。これは各省庁の中で検討するだけではなくて、いろいろな研究所やその他民間の働きと組み合わせながらやっていくのですが、この中で重要な位置を占めるのが審議会です。

省庁ごとに重要な審議会がいくつかありますが、通常はいわゆる研究者とさまざまな業界の代表者、またその他の人たちが入ります。審議会での検討がどう政策立案と決定の過程に関わるかが問題になりますが、この5、6年でそのプロセスが、少なくとも文科省においては変わり始めたと言ってよいと思います。

一つは審議会の決定がかなり実質的な意味をもつようになってきたことです。これは当たり前のことのようですが、そうではありません。今でも肝心な部分は実は事務局側、つまり文科省の役人が構成していますが、特に平成10年より前の段階では、かなり事務局側が強かったと思うのです。それに対して、この5、6年、審議会でどういう検討をするか、判断をするかの重みが大きくなってきたということがあります。

それはどうしてかというと、一つは、情報公開により、数年前からあらゆる審議会が公開審議になりました。議事録もすべて公開されるようになりました。議事録の上で発言者名を出すか伏せるかは審議会によって異なりますが、基本的には速記録をそのまま出すということになったのです。それ以前は議事要旨だけが出るわけで、もとの正確な発言は公表されていなかったのです。これは結構影響があります。つまり、いろいろな委員がいるのでさまざまな、時に相矛盾する意見を言うわけで、特定の意見がいきなり採用されるわけではありません。あらゆる会議と同じで、いわゆるセコンドされる必要があります。賛同者がいて意味をもつわけですから、そういう形で審議会全体の多数意見なり、あるいは少数でも無視できな

＊山本登志哉・伊藤哲司（編集）（２００４）現代のエスプリ『現実に立ち向かう心理学』№４４９、至文堂

い意見でまとまるという中で動いているわけです。情報公開の中では、少なくとも複数の人が発言したことの趣旨について、それをまったく無視することは難しくなったということがあります。

もう一つは教育政策において証拠というものをもとにして考えるということが大きな流れになってきています。それ以前は、証拠に意味はありましたが、どちらかというと社会的に強い団体を背景にした方が勝つとか、議論で勢いがある方が勝つという面もありました。ある種のレトリックでなんとなくまるめていくということもありました。今でもないとは言えないでしょうが、影を潜め、しだいに調査に基づく証拠を求めるようになってきました。国の政策立案の過程において、世の中全体を説得できるような客観的で透明な立案と決定の過程というものが求められるように変わってきたということです。

教育に関わる審議会の委員として

私もそういう審議会にいろいろな形で加わってやってきましたが、そういう個人的な経験もふまえながら、研究者が審議会なりその他の立案過程に入っていくとき研究者のスタンスをどのようにとっていくかということについて考えてみたいと思います。国の上位レベルの審議会においてクリティカルな役割を果たす研究者はそう多くはなく、たぶん、今、教育学者で10人とか、せいぜい20人とかでしょう。

今文科省の政策立案の過程で重要なのは中央教育審議会ですが、簡単に言うと、これは初等中等教育部会と高等教育部会に分かれます。それぞれの下にさらにいろいろな部会があります。高等教育部会なら大学のあり方とか、大学院のあり方とか、教員養成のあり方とかを検討する専門部会に分かれているわけです。初等中等教育の場合には、これ全体をまとめる審議会の下に教育課程部会があり、高校以下のカリキュラム、学習指導要領その他の体制は、実質的にはこの教育課程部会で決めています。これは以前は教育課程審議会と呼ばれていたものです。その下にも部会がたくさんあり、たとえば幼稚園とか総合的な学習とか理科とか算数・数学とかいわゆる教科等に分かれた部会があって、そこで細かい指導要領等の議論をします。それを教育課程部会が整理して上にもっていって認めてもらうという形式をとっているわけです。

それぞれの分科会に数名ずつ、教育系の研究者が入っています。どの分科会でも専門の研究者たちが重要な役割を果たしています。特に報告書をまとめる段階では中心的な役割を担います。委員にはさまざまな現場の代表者や著名人なども多いわけですが、そういう人は独自の意見を言いますが、実質的なまとめ役ではないでしょう。こういう中で、現場の代表者と共に、研究者の役割はかなり重要であり、細かいところまで理解して議論し、まとめの方向での役割を担います。

現場の代表者や研究者の役割をもう少し詳しく見ると、一つに、指導要領の改訂の趣旨を以前からの流れをもとに、また種々の現場やその他の問題点を考慮して作っていく仕事があります。学習指導要領を中心とした教育課程というものは一つの流れをもっているわけです。ですから、まったくゼロのところから作るのではなくて、必ず以前からの流れの中で改訂していくので、以前の事情を熟知していなくてはならないということがあります。また、改訂するにあたっては、それなりに意味があっておこなうはずです。その際、一つは、さまざまな時代の要請の中で、新しく教えたい内容を学校に組み入れたいとか、これは古くなったのではないかといったさまざまな意見を考慮していかなくてはなりません。もう一つは、いわゆるエビデンスで、最も重要なものは学力検査の結果でしょう。国内での学力検査の結果であったり、国際比較には主要なものが二種類ありますが[*]、その結果であるとかです。学力の動向を見ながら、どのように政策過程の立案に組み入れるのかには、かなり専門的議論が必要になってきます。

その際に、外部から教育学者が入って意見を言うだけではなくて、文科省自体もその中に研究者を抱えています。二つのシステムがあり、一つが教科調査官というシステムです。もう一つが国立教育政策研究所で、政策立案のための基礎研究をするという役目をになっています。教科調査官は教科ごとにいるわけですが、その大部分は現場の教員か、あるいは大学教員であった人たちです。またこの人たちはだいたいが何年か勤めた後、大学に出て行くという流れの中でやっています。このシステムの中で、現場の情報を国の政策立案の過程に組み込むという流れを作っているわけです。

途上国の教育の政策立案の責任者と話すと、日本のように現場と大学と中央省庁が人事的につながるというシステムをうまく作っているところは少ないようです。どの国も学習指導要領とか幼稚園教育要領みたいなものをもっていますが、それと現場とがほとんど関係のない場合も多いわけです。要するにいろいろな国のものを翻訳して作り直して理想的に書いてあるだけで、ほとんど現場と関係がなかったり、養成課程とも無関係であったりします。また教職の養成課程も観念的で現場とつながらないといったことも見受けられます。

日本の場合にもそういう問題はあり、そういう批判を受けているわけですが、でも、なんとか現場と大学と政策立案の中央省庁のつながりが形成されています。それが一つは、こういう人事のシステムによって保証されていると思うわけです。

なお、文部科学省のやり方に沿った政策立案の過程以外の影響も大いにあります。一つ非常に大きな影響があったのが、かなり昔ですが、中曽根内閣のときの臨時教育審議会で、これが今に至る規制緩和路線の始まりを作りました。そこから、いわゆる「ゆとり」と呼ばれている教育内容削減の方向が基本的には打ち出されたわけです。官庁のシステムというのはそのように、内閣で方針を作ってトップとして了解すると、その通り動くわけです。

それに対して、中央教育審議会の中の議論の中心は専門性が強い部分で、要するにプロによる教育課程の改訂という感じになっています。そこで、日本社会を代表するようないろいろな方々が種々意見を言って、それは重要な意味をもつのですが、最後にどうまとめていくかを基本的に誰がやっているかというと、教育学者（およびそれに準じる研究者）と、いわゆる事務方なのです。そういう共同作業として作っていくわけです。たとえば、「総合的な学習の時間」というのは数年前の学習指導要領の改訂で小中高に導入されたのですが、総合的な学習の時間を作るというのは、数十年来の日本の教育学あるいは教育実践の悲願でした。いろいろな学校で先進的に取り組み、試行してきました。それを、やっと数年前に総合的な学習という形で指導要領に盛り込むことができたのです。ですから長年の教育学と教育実践の積み重ねから上がってきているわけです。実際の政策立案の過程においては、その頃は、教育課程審議会ですが、その

＊国立教育政策研究所（編）（２００１）『数学教育・理科教育の国際比較』ぎょうせい
国立教育政策研究所（監訳）（２００７）『ＰＩＳＡ２００６年調査評価の枠組み――ＯＥＣＤ生徒の学習到達度調査』ぎょうせい
（なお、最新のものはインターネットサイトを見るとよい。）

中で議論したのです。

文科省の事務方は、個人ごとにはいろいろな意見をもっているでしょうが、全体としては国の大きな方向性に沿っているわけです。こういうことを進めるべきだという大きなレベルは最終的には政治が決めることであり、政治を代表するのはもちろん議会ですが、議会で論じられることの要点は政府の方でまとめ、それに沿って文科省が動くわけです。

ですが、実際には、先ほど述べた審議の過程が重要な意味をもっています。たとえば総合的な学習の時間を何時間ぐらいにするかとか、どういう性格のものにするか、ということは、上の方で決めているわけではなくて、実質的には審議会ないしその下の部会で決めているわけです。それは技術的な話ともからんでいますが、しかし単なる技術の問題だけでもありません。総合的な学習の時間というのはたとえば、学習指導要領上では2ページにも満たない短い記述しかありませんが、それは意図的にそういうふうに短く書かれているのです。しかし、そこでの一行一句というのは細かく議論されていて、細部に至るまでことごとくに意味があって作られています。そういう細かい作業の中で結局は実践が規定されていくので、重要な意味をもっていると言えるわけです。

研究者のスタンス

国や自治体の政策決定過程における、研究者のスタンスがどうあるものなのかを考えてみましょう。研究者が、国や自治体の審議会等に加わるよう依頼されることがあります。そのときに参加は形だけで、出席してときどき意見を言うのだけれども、実は中身はほとんど決まっているという場合もあります。その逆に、ほとんどが委員にゆだねられていて、何でもよいから作ってくれと言われる場合もあるでしょう。ある程度委員として自分で考えて発言し、こちらの意見によって変わり得る場合もあるわけです。

そういうときに、研究者として理想論を言ってもしかたありません。現実にできる範囲のことをするのが行政と言えるでしょう。一つは財政的な制限を考慮せざるを得ません。たとえば、義務教育費を国がもっと出すべきであると言うのは簡単ですが、できないことを言っても何の意味もないわけで、ある程度できる範囲を見込んで発言しないと有効性をもたないわけです。また、時期の問題があります。学習指導要領の改訂で言えば、一年なり二年なりの範囲でまとまることを考えなくてはいけません。そういういろいろな現実的な制約を意識して議論しなくてはいけないのです。単に教育学的にはこうであるべきである、と言ってもしかたがないので、現実的にやれる範囲のことを提言することになります。

しかし同時に、ここでもう一つ大事なことは、やれる範囲の中とは言っても、そこでの幅を見いだすことです。すべてが確定して固定しているわけではありません。政策の可能なところを考えたときに、おそらくこの財政と時間の範囲では、この部分は無理だろうだけれど、この辺は可能かもしれないというところを見定めなければいけないのです。そしてその中で、「いや、こちら側でなくて、こっちを削る」とか、「こちらをサポートしよう」といった発言をしていく必要があります。

そういうことができるためには、単に教育学や心理学の理念を知っているだけでは無理なわけです。まして、たとえば、子どものためにみんなでがんばりましょうとか、子どもの利益を最優先して考えましょうとか、国は最大限そのために予算をつけるべきではないかとか、そういうことを審議会で有名な方々が言うのは結構なのですが、そういう正しいけれど、当たり前のことを教育学の専門家が言っても意味がないわけです。新聞の投書欄みたいな発言を期待されているわけではないのです。もっと専門的な中身のある発言をしなくてはならないわけです。そうなると、今の国の財政の中で、あるいは県や自治体や各学校における可能性の範囲で何ができるかということを、かなり詳細に述べていく必要があると思います。

たとえば、総合的な学習で言うと、今のだいたいの評価は、小学校はまあまあだけれども、中学校ではあまりうまくいっていない、というところだと思います。私もこの政策の導入に関わったひとりなので、いささか判断が甘かったと思っています。これで現場が動くのではないかという見通しが弱かったと思うのです。今から思えば、審議会に参加した研究者が十分な見通しをもなかったということと、現場の代表者もそういうことに好意的な人が来ているので、「われわれはやれる」という発言があり、それに応じてしまったのです。しかし、実際に施策を動かしていくときには、いわゆる研究先進校だけが実施するわけではなく、どの学校もやらなくてはいけないので、そういうレベルで考えるといろいろな意味で詰めが甘かったのです。ですから、今後は特に中学校の総合的な学習のサポートをもっとしっかりやるような仕組みを作るようにしていくべきなのです。

つまり、こういう可能性の範囲についてかなり敏感に考えていかないと、政策というのは動いていきません。理念はよいかもしれないけれども、現実にはかえってマイナスの動きをするということもあり得るのです。善意の気持ちさえあれば実際に政策立案過程がうまく動いていくわけではありません。実際に日本の教育が良くなるという効果を発揮できるか、その見定めが相当重要になります。ですから、大学の教育の研究者として、客観的に研究し、理念を訴えるということだけではなくて、実際に政策を打ち出し、それが現場まで降りていったときにどういうことが起こり得るかという見通しをもつ必要があるということなのです。

現場の制約には財政的な問題や人事の問題も関連しています。たとえば、学校ではこれから団塊の世代の定年にともなって、大量に退職者が出るでしょう。そうなると、退職金が必要になるので、財政的な圧迫がこれから何年も続くことになります。地方財政がかなり厳しい時代を迎えるということです。

あるいはまた、若い教員が増えるということは、現場にまかせて「適当によいようにやってください」というやり方ではうまく動かなくなっていくということです。きめ細かく現場の教員を補助する資料その他を提供していかないと、おそらく現場の授業は動いていかなくなるでしょう。特に少子化で小学校が小規模になってくると、学年で単学級の小学校が増え、全学年6クラス、そのうち2クラスが新任教員などという学校も出てくるかも知れません。そこでは、普通の教員配置では、新任の先生をサポートする人がいなくなります。一学年に3クラスあって、ベテランの先生もいる中で、一学級は新任が担任しているというのなら、他の先生がサポートできますが、そういうことは難しくなりつつあるわけです。そういう中で、行政的なサポートをどう増やしていくかとか、指導要領をどういう形で構成していくかというのは、微妙な問題を含んでいます。こういう点も含めて、政策の有効性を発揮するための現実的な可能性の幅をどう見極めていくかが重要となるのです。

学校の事情の組み入れ方

このように、学校現場の事情をどのようにして政策立案過程に組み入れていくかということが重要な意味をもってきます。教科調査官を中心として、ある程度行政担当者が現場の実情を組み入れているわけですが、教科調査官制度においては、教科調査官は事務方の立場で、教育課程の立案そのものには中心に立って発言できません。また、社会科の教科調査官とか理科の教科調査官という形で選ばれてきますので、その特定の教科を維持する役を担い、日頃は、現在の指導要領をもとに現場の教育の指導助言をおこなうことが仕事です。そうなると、それを大きく変えるという発想をもちにくいでしょう。やや保守的な現場代表者になるわけです。

研究者側の役割としては、現場の様子を知りながら、現場をどう変えていくかということで発想していく必要があります。今、学校現場でどういうことが起きているか、特にうまくいっている学校、逆にうまくいっていない学校の様子をある程度わかっていなければなりません。うまくいっていないときの要因は何かということを調査する場合もあるし、いろいろな学校を訪問する中で様子を見て、また先生たちに聞いて学んでいく場合もあります。その把握を通して、政策立案に盛り込むという働きを担います。

同時に、かなり大局的な見通しをもつ必要があるし、いろいろな意味でのエビデンスを、提供できるときには提供する、あるいは集める、また提供されたエビデンスの要点を整理するという役割も担います。見通しについては、たとえば、六三制の義務教育をどのように維持できるのか、あるいはそうでないのかという問題であるとか、小中の6年、3年での区切り目は保持した方がよいのか、小・中学校の各々の教育のやり方を現状のように守るべきなのか。学校教育と社会教育・家庭教育の区切りをどうするか。つまり地域や家庭でやっていることと学校が引き受けていることの境目をどこに置くのか。別の言い方をすれば、いろいろな教育のうち、どこまでを学校が引き受けるのか、どこまでを家庭、地域にゆだねるのかという問題があります。

こういうことをこれからどういう形で設計していくかということが、日本の学校のあり方をかなり大きく変えることになります。たとえば、今学校は土曜日、日曜日が休みで週五日制ですが、土曜日をいろいろな形で使うということが広がっています。土曜日に地域活動を入れるというのはかなり以前からおこなわれています。また補習活動を入れるということも出てきました。あるいはそこで体験活動をやるというやり方もあるでしょう。たとえば、補習を土曜日におこなうとして、それを学校がやるのか、教育委員会がやるのか、あるいは塾がやるのか、あるいはそれ以外の何かでやるのかという選択肢があります。現在は日本のいろいろな地域で、さまざまな選択肢の中でやっているわけです。

さらに、数年前から深刻になりつつある問題は、塾や予備校などをどう位置づけるのか、いったいそういうものは公に認めてよいのかいけないのかという問題です。一つの考えではもう認めようということですが、もう一つの考えとしては、塾へ行くことというのは本来あってはいけないことで、学校がすべて担うべきではないかということです。塾や予備校を認めるのはよいとしても、当然お金がかかるわけですから、いわゆる格差の拡大になりかねないわけで、そこをどうするかという難しい問題もあります。

またたとえば、ボランティア活動や奉仕活動をどう位置づけるか。あるいはインターンシップなどをどう認めていけるか。学校でどこまで保証していくのかという問題もあります。あるいは、幼稚園教育を今後どうしていくかというときに、幼稚園・幼児教育を無償にするとか、あるいは義務化するという議論があります。もしそういう方向に踏み出すとすれば、かなり幼児教育の性格を変えると思いますが、そういうことは望ましいのか。また可能な話なのか。可能だとして、どういう義務教育全体の設計ができるのか。そもそも義務教育とは何なのかということまでさかのぼって考えていく必要があります。

そういった大きな見通しというのは学者の仕事ですから、指導要領という目の前の改訂作業に間に合うかどうかは別として、始終考えていることです。今すぐにおこなうべきことに加えて、5年後、10年後といったスパンをもちながら提言していかなければ意味がないし、そういうことのために研究者が存在しているわけです。

また、さまざまな調査をしたり、調査結果の解釈をしたり、あるいは諸外国と比較したり、歴史的に比べたりと、いろいろな作業を研究者はやっています。そういうことによって政策に学術的な根拠を与えるということもしているのです。たとえば、心理学的なデータはあまり教育の現場と関係がないように見えるかも知れませんが、でも、発達心理学のさまざまな知見を整理した上で、小学校の低学年の教育と高学年の教育のどこが違うのか、どう変えていくかということのベースを心理学者は提供していくわけです。そうすると、それが一つの政策立案のベースとして使われるわけです。このように、研究者はいろいろな働きをしているわけです。

研究者が政策立案過程に入る

実際に審議会での議論に研究者が入っていくのは、そう簡単ではありません。一つは、当たり前ながら忙しい仕事です。大学教員もまた忙しく、その中で審議会に出席しなければいけないわけですから、飛び回らなくてはいけません。もう一つは、審議の中で発言するのに十分な時間が与えられるわけではないのです。会合は2時間くらいでしょうが、参加者は、普通、十数人ないしもっと多くいるでしょう。最初に資料説明もあるので、そうすると、議論はせいぜい長くて100分ぐらいです。20人いて一人5分話すと100分となります。二回発言するとすれば一人2、3分にすぎません。ですから、重要なことをいかに簡潔に言うかということが大事になります。けれども、審議会では各々が大事だと思うことを話すので、延々としゃべる人がいたりします。そういう演説型の人たちが必ずいるのです。そのためもあり、時間をくうので本当に2、3分しか発言できないことがあります。場合によっては手をあげていても何も言えないことすらあります。要するに、こういう審議会で重要な役割を果たし得る研究者は共通に発言が短く、要点をきちっと言えるのです。

当たり前に思えるでしょうが、大学の教師はそもそも話が長いものです。みんな話し出すと90分話す習慣になっています。学会発表で短いときもあるでしょうが。ともあれ、要点を短く言うためには、逆に何がツボかをおさえなくてはいけないわけです。ここで何を言えば説得的かの見定めが重要です。それをよく理解して発言できるかということです。そこをかなり鍛えていく必要があるのです。その自己訓練が必要でしょう。

もう一つは、教育学の研究者としてこういうことに参加するときのいわばアイデンティティの問題が常に出てくると思うのです。国の審議会だけならまだよいのですが、今度は自治体の委員として呼ばれる、また各種の関係団体に呼ばれて説明や講演を求められます。審議会や講演の活動で忙しくなると、二つ危険があると思います。一つは基本的な研究から遠くなってくるということです。審議会でおおざっぱな議論をおこなうのに馴れてしまいがちです。「こういうふうにするべきではないか」と、嘘ではなくてまともなことを言うわけですが、それで済むわけです。講演活動でも審議会で議論されていることを紹介することで役立てることになります。向こうもそれを求めるわけです。それは必要なことですが、それで終わっていると、だんだん新しい研究をするとか、あるいは日本や世界で起こっているさまざまな新しい研究の流れを把握できないままに、今、国の審議会でやっている話を伝えるという種類の講演を繰り返していくことになります。これは研究者としては危険をともないます。つまり、講演稼業になるわけです。大学教員なり研究者としてはその生命が終わるわけで、それはまずいのです。忙しさの中で安易になっていく危険があります。

難しさの一つはそこにあるのですが、それにともなって、だんだん自分が何をやっているのかよくわからなくなってもきます。自分が役人なのか、大学の教員や研究者なのか、混乱してきます。さまざまな政治的財政的な制約の中でこういった政策をとるべきだと発言していき、そのことを通して現場を少しでも良くしていこうと考えているわけですが、そうするとだんだんだんだん思考が官僚側に寄っていくのです。それは官僚を軽蔑して言っているわけではありません。行政の仕事は重要です。しかし、研究者の役割と官僚の役割は違うのであり、官僚は官僚としてやっているし、研究者は、研究者側のスタンスを保持して審議会で議論していくのです。だけれども、うっかりすると、官僚と同じ立場になってしまうのです。完全にそうなると、何のために研究者として加わっているかがわからなくなります。ですから、完全に役人になることなく、政策立案の過程をよく理解しながらも、しかし研究者としてのアイデンティティも維持するという二重性が求められます。

そのときに大きくは二つのやり方があります。一つは自分の研究と現場の実践と政策とを互いにかなり近いものとして位置づけていくというやり方です。もう一つは研究活動と政策への関わりを並行させていくというやり方です。教育系以外の研究者は全員が研究活動と政策への関わりの並行型にならざるを得ません。たとえば、物理学の研究者が理科教育について発言するときに、別に理科教育研究者ではないのだから、理科系の研究者が教育にも発言するというそれだけのことです。だからそういうときには役割が別になります。

心理学者の多くにはこの二つの場合があります。心理学として認知発達とか乳児発達とかの研究をやっていて、その一方でたとえば小学校の国語教育について発言するというときには、この二つは別です。広い意味ではつながっていると思いますが、基本的には別であるはずです。その一方で、研究と実践と政策をかなり近づけてやっていくやり方があるわけです。今、論じたいのはそのやり方についてです。逆に言えば、専門家として政策立案に関わるというときに、もし、本当の意味での専門家として関わるとするのならば、私は「研究⇔実践⇔政策」という立場をとらざるを得ないと思うのです。専門家として資料を提供するというのは並行的なやり方です。たとえば、脳科学の研究者が学校教育と脳科学がどう関連するか知りたいと言われて、説明に行くということはあり得ます。たとえば、だいたい10歳前後で前頭葉の働きがかなり強くなるというデータがいくつか出ていますが、そういう説明をするわけです。研究成果をどう政策に活かすかとか、政策以前にそこからどういう学校教育へのインプリケーションを引き出すかというのは専門家の仕事ではなくて、むしろ政策側の仕事です。基礎研究と政策との関係は離れてはいますが、基礎研究を参考にするために研究者が資料を提供するわけです。これは研究者として誠実な態度だと思います。

心理学者もよく、こういう立場で関わります。私も、たとえば幼稚園、小学校、中学校の教育のベースとして発達段階をどこで区切ったらよいのかという問題であるなら、発達心理学者としてのデータを整理して提供します。

ただ問題は、「研究＝実践＝政策」ではなく、あくまでも「研究≠実践≠政策」であるということです。つまり、専門家としていろいろな会議に出て、専門家として「こうではないか」と述べていくわけですが、十分に確かな実証的根拠があって発言しているわけではないのです。たとえば小学校において総合的な学習のような学習形態が必要ではないかと、発達心理学者として思いますが、しかしそれはどのぐらい実証的に確かなのかと聞かれると答えにくいことです。多少実証的根拠もありますし、それから心理学の理論からの論拠も少しあります。また、先ほど述べたように日本におけるいくつかの学校の実践の積み重ねもあって、これだけのことができるという根拠もあります。それから、教育学的な理念の下でそういう学び方が重要ではないかという理屈も立つわけです。ただしかし、それらは、専門家として自信をもって、確かな知見として言えるかと問い返されると、そうだとは言えないのです。だけれども、まったくの素人が発言するのではなくて、もう少し専門的な裏付けの下で発言しているのです。その辺が政策立案に専門的に関わることの微妙さと難しさであるわけです。

このだいたいイコールの関係をどうやって専門性をもちながら作っていくかということが、大きな課題になります。つまり、一つは基礎的なさまざまな研究やデータを、いかに実践に近づけていくかということです。教育心理学の実験的な研究であっても、30年前にはたとえば文章の理解についても単語とか非常に短い文で実験していたのに、今は国語の教科書に出てくる教材をまるごと分析することも可能になっています。かなり実践に近いところにきているのです。また、実際の実践現場のフィールドワークや観察を通して、現場のあり方を学問的研究的に解明していくという作業もおこなわれています。あるいは実践者との共同作業の中で、現場の知見をさまざまに蓄えるという作業もやっています。そういうことによって、研究をできる限り実践に近いものにしながらその総体を政策に反映させるという努力をしていくということです。

教育科学の広がりの中で

日本の教育政策の立案において研究者の関与のしかたがだいぶ変わってきている背景には、一つには審議会の議事録の公開と、エビデンスが求められるようになったということがあることは述べましたが、もう一つ、教育科学の成熟があります。この十数年において教育科学の基礎研究もだいぶ進みましたが、同時に実践に関わっていく研究の広がりがあって、そのことによって政策立案に対してある程度専門性をもった発言が可能になってきたということです。特に、研究者と実践者の結びつきをもった研究および実践スタイルが広がってきています。それが国の審議過程をかなり変えてきていることを見た方がよいと思います。

実は、国際的に見た場合、今の日本の事態はある意味で先行している部分があります。それは研究者と実践者の距離がわりと近い、あるいは研究者・実践者・役人などの間に人事の動きがあるというのが、日本のよい特徴の一つだと思うのです。また、教職大学院などを中心に実践者が研究者になっていく中で、研究と実践の結びつきを作り上げてきたと思います。

しかし諸外国においては、実践に関わる研究がきわめて活発です。また私は「応用発達科学」とか「応用発達心理学」に親しみをもっています。これは、発達的な研究を応用につなげていく領域で、学校教育や幼児教育、親子関係や非行少年の処遇なども研究分野です。心理学や教育学では、世界的に見れば、応用分野の方がずっと研究者が多いのです。こういう研究者が、日本の大学院教育のシステムの中で十分に養成されていない、まして学部教育ではほとんど教育されていないという問題があります。

今後、基礎的な研究を視野に入れながら応用的実践的なところに結びつけていく分野が盛んになっていくでしょう。これからの十年ぐらいだと思いますが、日本の心理学、教育学の中心は、こういう応用分野になっていくだろうと見通しています。そういう中で、現場との連携によるアクションリサーチをどう位置づけていくのかということを考えています。

第6章　基礎研究をいかに役立て応用するか

実践現場は実践の工夫によって成り立つわけですが、そこにいろいろな研究の成果を取り込むことでよいものになっていく可能性があります。しかし、研究者が現場側に立てば問題が解決するかというと、そういうわけではありません。この章では、基礎研究と応用研究と実践研究の関連について論じたいと思います。

実践現場と研究の場との関係

実践現場と学問との関連を考えるとき、基礎研究をただちに実践に応用するのは難しいでしょう。すでに述べてきたように、基礎研究はすぐさま実践に応用できるほど具体性をもたないということもありますし、また、実践にはそれ独自の積み重ねがあるので、その問題の多くは単なる基礎の応用では解決できないわけです。教育学部の重要な役割は教師の養成の他にもう一つ、教育に役立つ基礎的な研究をおこなうことですが、しかし、実践現場に役立つ基礎的な研究という発想は、あまりうまくいきませんでした。

そこで、実践の中の問題にたいして、実践者自身が省察を加えながら改善を図ったり、研究者が実践現場に出て行って、実践者と協働しながら問題に取り組むというスタイルが生まれてきました。

しかし実践的な研究の問題点もいろいろとあります。一つは、どうしても目の前の個別的な問題に対しての解決になりがちであることです。たとえば国語で言うと、国語教育というのは、かなり教材依存的な分野で、特定の教材をどう教えるかということになるわけです。たとえば「ごんぎつね」という教材がどういう文章構造であるかといった分析がなされます。「ごんぎつね」を理解させるためには、どういうところがポイントか、発問はどうすればよいか、そのとき子どもはこのように答えるのではないか、その場合にはこう応じるのだ、というやり方が工夫されます。子どももいろいろですし、レベルもさまざまなので、その都度いろいろなやり方が工夫されていくわけです。そういう工夫は日々の授業に役立ちますし、現場をあずかっている先生たちが指導するときには、その知識やノウハウが不可欠です。そして新任の先生が最初の一年間で最も苦労するのも、こういう知識をまだ身につけていないことにあるわけです。ということで、このやり方で申し分ないように見えますが、実はかなり大きな問題を含んでいます。

実践的研究の問題点

実践的研究の問題点は三つほどあると思います。一つは、「ごんぎつね」の発問の研究は、「ごんぎつね」という教材が教科書からなくなると、不要になります。存在価値がなくなるわけです。学校教育、特に教科教育は制度に依存しているので、教育研究は常にこの問題を抱えています。算数や国語の教科自体は時代が変わってもなくなるとは思えませんが、国語はかなり教材依存なので「ごんぎつね」が教科書からなくなると、「ごんぎつね」に費やした研究時間は意味がなくなってしまうわけです。算数の場合はかけ算がなくなるということはないでしょうから普遍性がありますが。特定の教科、たとえば、家庭科は、今、小学校5年生からありますが、なくなるかもしれないと教育課程の改訂のたびに言われているわけです。教科がなくなったら、家庭科教育の研究者たちの学者生命は消えることになります。要するに教材に依存せざるを得ないわけです。世の中の実用的な問題はみんなそうです。たとえば自動車が進歩していって、仮にガソリンから電気自動車になったとします。そうするとガソリンエンジンの開発を一生の仕事にしていたエンジニアは、その瞬間に仕事が消えるわけです。そういう問題が教育の実践研究でも起こっています。慣れ親しんだ教材であっても、消えていくことがあり得ます。これが第一の問題点です。

実践研究におけるオリジナリティの明示の問題

第二の問題点は、先にも述べましたが、教師向けの研究や実践研究には、そこで提示されたことがどのぐらいオリジナルなものかが、たいていの場合よくわからないということです。多くの実践者にはオリジナリティを第一義的に重視する習慣がないのです。これは軽蔑して述べているのではありません。オリジナリティ概念は研究者に固有の概念なのです。研究者にとって大事なことはオリジナリティとプライオリティです。オリジナリティとは独創ということで、独自の知見を出しているということです。プライオリティというのは研究成果を誰が最初に言ったか、あるいは場合によっては証拠を出したかということです。オリジナリティはプライオリティとの関係で述べ立てなければなりません。したがって自分の研究成果がオリジナルであると主張するためには、同時にプライオリティも主張することになります。そのためには、先行研究において自分の研究成果はまだ出されていないということを証明する必要があります。それをしないと、論文を投稿しても認められないこともあるし、場合によっては剽窃と言われることもあり得るわけです。

研究とは何かというと、一言で言えば、プライオリティを達成する行為です。以前には誰もやっていないオリジナルな研究によってプライオリティは達成されます。ついでながら、大学院教育というのは、ある意味でオリジナリティを出すことと、プライオリティを守ることの訓練なのです。何のためにいろいろな人の研究を読むかというと、一つはそれをベースにして自分なりの研究を打ち出すためですが、もう一つはいろいろな研究ですでに言われていることは言わないために読んでいるのです。先行研究にないことをやらなくてはいけないのです。でも先行研究をベースにしてそれをやらなければならないので、この二重性が、なかなか難しいのです。

実践の場合には、プライオリティという概念は明確には存在していません。どうしてかというと、前にも述べたように、実践において重要なのはプライオリティではなく、むしろよい実践はまねするべきことなのです。優れた実践は、世の中に出してもらって、それをまねしましょう、ということです。研究者の世界でも、特に卒業論文や修士論文は、基本的には先行研究をまねするわけですが、それでもまねしながらも自分なりの工夫を入れようとか、１００パーセントまねするのではなくて、それを参考に自分の考えを出すことに努めます。けれども、実践ではそういうことは必要ないので、その人なりの工夫はなくてもよいのです。できる限りよい実践はまねするべきなのです。しかし、実際には100パーセントまねをすることはできません。結果的に自分なりの工夫をせざるを得なくなります。つまり、そういう意味では、実践というのは大工さんみたいなもので、新米の大工さんが棟梁のやり方を見て、とにかく棟梁の通りにやろうとしますが、まだ未熟だからそこまではいきません。その未熟なところをそれなりに補おうと自分なりに工夫をするのだけれども、それほど自慢になることではありません。しかしともあれ、多くの実践は機械的な反復というわけにはいきません。スーパーのレジを打つのとは違って、教育では同じ教材であっても子どもが違うし、子ども自体が変化するし、たまたまどういう発言があったかによっても流れが変わるわけです。そうすると毎年同じ教材、同じ授業案であったとしても、実際の授業展開は結果的に変わってきます。だから100パーセントまねるのはそもそも不可能なのですが、でも方向としてはまねるわけです。

いろいろな実践研究を見ていくと、良い実践のまねをしていくという習慣の中で、自分なりの工夫をちょっと加えてみたといったものがたくさん出てきます。すると、さまざまな実践の工夫は、いわばきわめて無名のものになっていきます。「ごんぎつね」における発問は、たとえば1981年になんとか小学校の何先生が発見したとか、そういうことはまず残りません。学校の教師たちに聞くと、「あの教材はだいたいそういうふうにするものらしいよ」とか、「だいたいここでは、この発問とこの発問をすると先輩に教わったのだけれども、別に先輩が考えたわけではなくて、前からそうしているらしいよ」とか、「いやそれは指導書に書いてあったし」とか、あるいは「この間見に行った小学校でそういうことをやっていてよさそうだから使ってみました」とか、「いや、ここは自分なりにちょっと考えてみたのですが」とか、そんなものが入り交じっていて、しかもそれを教師たちはあまり区別しないのです。

要するに、実践研究では、プライオリティやオリジナリティがはっきりしません。実際に教師の書く実践研究論文を見るとわかりますが、ろくに引用文献もついていません。だからこの実践がどこからきたのかを知りたくても、ほとんど調べようがないのです。あるいはおもしろいからもっと勉強したいと思っても、何を調べたらよいのかわからないのです。たまに引用文献がついていてもごく一般的な本であったり、あるいは権威ある研究者の本とか、ごく一般的なアイディアを与えるものはあるかも知れませんが、その実践研究の工夫のもとがどこに由来するのか、ということをなかなか書いてくれません。それは研究者の論文としてみれば研究以前、論文以前ですが、実践論文はだいたいそうなのです。

実践としての工夫の積み重ねはある種の伝統みたいなもので、この教材はこういうふうに教えるのがよいらしいということが積み重なっていきます。実践の広がり方とはそういうものなのです。それは意義のあることですが、研究としての積み重ねというものではありません。研究者が研究としてイメージするときは、30年間ある分野の研究をしてきて多くの刊行論文からこれだけのことがわかった、でもこのことがあまりわかっていないという整理をするわけです。しかし、実践研究というのは通常そういう積み重ねがありません。実践研究には、いわば歴史はないのです。今があるだけです。

もちろん、たまには特定のやり方のオリジナルがわかっているものもあります。多くの実践の工夫はそうではないわけです。したがって実践研究においては研究の積み重ね、逆に言えば積み重ねによってまだ足りないことは何かということが見えてこないという点で、研究という意味では十分に成立した領域とは言い難いということになります。

実践研究の理論的根拠をとらえる難しさ

三番目の問題点は、教材に依存していることの裏返しで、その特定の方法の理論的な根拠が不明であるということです。これは特に心理学者にとっては重要な問題です。つまり、ある特定の発問のしかたがその教材にたいして有効だとして、心理学者ならそれはもう少し一般的な発問の手法の一つの事例ではないかと考えるわけです。心理学者は心理学的な法則を問題にするので、一般性を気にしがちであるという面はもちろんありますが、それだけではなく、現場の実践を見ていくと、大きな理論的な枠組みが影響しているところもあるわけです。そうすると、その理論的な枠組みも考えながら、実践を検証していく作業が必要となるでしょう。実践では日々の作業に追われていますから、理論的な枠組みを問題にするという姿勢が乏しく、その部分がなかなか出てこないのです。ですから、仮に理論的意義が大きな実践のやり方が出たとしても、それは単なる一技法として流通していくわけです。そのようなことがあるので、しばしば現場の優れた実践をベースにして、それを理論化するという作業を研究者側がおこなうことが求められます。

先にもあげた例で言うと、斎藤喜博という一時代を築いた実践者がおりました。斎藤先生が活躍したのは1950年代から60年代です。たくさんの著作を書いており、全集もあります。自身でも多少の理論化を図っていますが、しかし、それは実践者の表現を整理していったという感じが強く、基本的には実践の実例で勝負しています。斎藤先生の授業例は非常におもしろく、また斎藤先生は文章が上手な人なので、読ませる力があります。斎藤先生の実践に対して、それを理論化しようという教育学者が出てきました。「教授学」という流れの中の研究グループで、十年ぐらい続きました。その中心が東大の教育学部の稲垣忠彦・吉田章宏といった教授でした。それがどういうふうに成功したか、失敗したかについて誰かが検証したらよいと思いますが、今のところその試みはないようです。

また、プライオリティが曖昧ではないかという批判に対しては、向山洋一さんという方を中心とした「法則化」運動という実践があって、これは主として小学校の先生たちの集まりで、現場では有力です。このグループの実践ではその目的とやり方、元にした実践のやり方、それに対して自分が工夫した点を明確に書くことを義務づけています。そしてうまくいったかどうかを授業後のテストなどで確認していくのです。追試ということをしきりに言って、同じやり方でやってみてうまくいったかどうかを確かめる研究をしていこうということです。これは授業現場におけるさまざまなコツやノウハウを蓄積するのにきわめて有効な方法であると思いますが、同時にプライオリティを尊重するやり方を実践研究に持ち込もうとした、ということでもあると思います。実践がどういうふうに成功し、どういう限界があるかということを、きちっと検証しようとしています。

ただ、この法則化の論文の書き方にしても、心理学を志向する研究者の目から見ると、十分とは言い難いものです。一番大きな問題は、改善点が非常に細かくなってきているので、現場での追試はミクロな範囲になっていき、そうすると日本中で工夫している先行研究、先行実践の大部分を整理していくなどという作業は誰にもできませんし、結果的には先輩がやっていることを後輩が洗練させていくということになります。それからまた、心理学者から見れば、すべてのコツはそのコツを含むもう少し一般性をもった理論なり概念なりとの関連で考えるべきですが、法則化運動の人たちはそういうことをするわけではないのです。そういう限界は、実践者として目指すところから来ています。法則化運動は、実践研究としては一つの有効な方法なのですが、しかし、それにしても部分修正であって、実践研究のもっている基本的な特質を変えるものではないと思います。そして大きくその特質を変えたら、おそらく実践性を失いかねないでしょう。

基礎研究を実践研究に組み入れるには

こういう状況があるので、基礎研究の成果を実践に組み入れるのは、そう簡単なことではありません。そのために何が求められてくるかを考えなければなりません。

一つは、実践と基礎研究の間を媒介する研究を入れていくのはどうでしょうか。媒介的な研究者が入っていくことが必要ではないかと思うわけです。それはどういうことかというと、基礎研究から実践への単純な応用はできず、その距離は大きいので、その間にもう少し具体的な現場での様子を組み入れた中間的な研究が必要だということです。たとえば、言語発達研究とか言語の学習研究、あるいは文章理解研究など、そういう心理学のジャンルがあり、それと国語教育は広い意味ではつながり得るはずですが、実際にはなかなか難しいと思います。先ほども述べたように、「ごんぎつね」をどう教えるかで悩んでいる先生に対して、言語理解の研究者が助言するとしても、それはかなり漠然とした一般論になるでしょう。距離がありすぎるのです。あるいは動機づけの研究をしている心理学者が、外発的動機づけとか内発的動機づけ、自律的動機づけといった概念で実践を見直そうとするのは良いことですし、ときどきは現場の人が聞いて、ヒントを得ることもあるでしょう。ただ、それを聞いたからといって、日々の実践にすぐ役立つということはないのです。

動機づけの例から考えると

例として、動機づけを考えてみましょう。１９８０年代、心理学の学習理論では内発的動機づけの考えが有力でした。動機づけには内発的動機づけと外発的動機づけがあります。外発的動機づけというのは、報酬とか罰によるものです。学校の学習で言えば、試験で脅すとか良くできたらほめる、また一部の学校で使っていますが、トークンシステムと言って、良いことをしたことに応じてご褒美をあげる、たとえば幼稚園とか低学年だとちゃんとできたら星のマークを付ける、というようなことをします。それに対して、内発的動機づけというのはその課題自体がおもしろくてやる、というものです。多くの教育者は、内発的動機づけはすばらしい、学校教育は内発的動機づけこそ大事にしてやっていくべきだと思うわけで、さかんに主張されました。私も基本的にはそう思っているのですが、しかし、学校現場に関わってみると、そういうナイーブな内発的動機づけの考えはむしろ不適切で、時には害悪を流しているというところがあったと今では考えています。ある種の教育へのアプローチは内発的動機づけの考えをあまりにナイーブに持ち込みすぎたと思うのです。これは、教育心理学の大きな反省材料だと思います。

教育を良くしようとする主観的な善意と、客観的な功罪は別です。象牙の塔に籠もって基礎研究をするだけの人たちは実践現場に対して良いこともしないけれども、悪いこともしないでしょう。ですが、善意をもって実践に関わって、その善意にもかかわらず実践を壊していく人たちというのが一番困るので、そのことへの警戒感を十分にもたなくてはいけないのです。

内発的動機づけの考えを現場に持ち込んだことの弊害の原因がどこにあったかというと、私はこの外発性、内発性ということの理解にあると考えています。内発的動機づけが脚光を浴びるようになった研究の一つのターニングポイントは、報酬を与えることによって、内発的動機づけが下がるという発見でした。有名なレッパーという人の研究がありますが、幼稚園の子がお絵かきをするとき、クレヨンを与えて自由に描かせる分には楽しくやるのです。内発的動機づけをベースにしているわけです。それに対して、いったん報酬を与えてから、自由遊びの場面でクレヨンを置いておきます。すると、自由遊びの場面で絵を描かなくなるのです。つまり、もともと内発性をもっていた活動に対して、外発的動機づけを与えてしまうと、今度は外発的動機づけで動いていくので、内発的動機づけが下がる、ということを発見したわけです。だから、内発的動機づけを大事にすることが必要で、うかつに外発的動機づけを導入してはいけないと解釈されました。

この実験が間違っていたわけではありませんが、いくつか見逃されたことがあります。それは何かというと、外発、内発という単純な分類には問題があるということです。そこには、社会性ということと実用性という、社会文化的な観点が抜けていました。社会的意義づけをとらえて、どう自分なりに主体的な動機としていくかということです。こういう視点が出てきた背景には、心理学を囲む時代の精神が、１９７

０年代～８０年代と９０年代でかなり変わったことも反映されています。

実用性というのはどういうことかというと、いろいろな勉強の動機づけを考える場合に、この勉強をすると将来役立つという動機づけが結構重要だということです。大学生でも、当然ながらすべての講義や授業を内発的におもしろいと思う理由はないし、私を含めて教師もそういうことを期待していません。ときどきはおもしろい授業があった方がよいと思いますが、多くは退屈でも受けろということなのです。どうしてかというと、「単位が必要だから、とれなければ卒業できない」というだけではなく、将来、何かの仕事をしたいというときに役立つというところが大事な点です。それが必要であることが今はよくわからないかもしれないけれども、いずれ役立つことがわかるよ、という種類の実用性というのがあります。もちろん心理学的には教師側が実用的だと言うだけではだめで、本人が実用性を実感できないといけないので、どうやって実用性を感じさせるかが授業テクニックとしては大事です。そしてこの実用性の動機づけは、単純に外発、内発という枠に収まらないのです。

実用的であるということがわかるということは、課題の中身がおもしろいということとは少し違うので、内発的ではありません。けれども、報酬、罰という意味での外発的動機づけとも異なる性質をもっています。

もう一点が社会性ですが、これはたとえば、先生がほめるということの効果に表れています。先生がほめるのは、金銭的報酬を与えるとか、ご褒美をあげるというのと同じような意味で、外発性の働きをすることがあります。つまり先生にしょっちゅうほめられていると先生がほめてくれないとやらなくなるということがあり得るわけです。最近の子どもはしょっちゅう親や先生にほめられているものだから、ほめられないと自分からやらないし、新入社員も一所懸命ほめないとなかなか動かないということもよく言われます。それはほめるということが外発的に機能しているということです。こういうように、外発的な報酬というのは有効なのですが、絶えずそれでつっていかなくてはならなくなるわけです。外発性の動機づけは一度導入したら簡単には止めるわけにはいかなくなるというのが、先ほどの研究の一つの結果です。

ここでは、ほめることを外発性なことと見ています。ところがいろいろな実験をやっていくと、実はほめるのをやめても動機づけが維持される場合があるのです。ほめることと内発性が両立することもあり得るでしょう。ほめるという機能は複雑なのです。たとえば、小学校1年生ぐらいだと先生が花丸を書いてあげると喜びますが、あれはご褒美かというと、あめ玉や100円をあげるのとは違うようです。花丸を書いてもらっても、何の得もないはずです。あるいは卒業論文や修士論文を書いているとします。指導教官のところに行って、「ああ、君の研究なかなかいいよ」とほめられたとします。そうすると、それは単なる報酬なのかということです。ちょっと違うのではないでしょうか。

どうやらほめるというのは、単純に外発的な報酬とイコールではないということです。さらに、ほめることの意味は、誰がほめるかによって大いに変わります。誰がほめても喜ぶかと言えば、やはり親か担任の先生か、赤の他人かで変わります。確かに、誰からであってもほめてもらえた方がうれしいし、見え透いたお世辞でも言われればうれしいでしょうが、でも、自分が信頼している人やその評価を非常に信用している人からほめられれば遙かにうれしいでしょう。そういう働きというのが社会性ということです。単純に外発的、内発的の二分法の中で、ほめるのは外発的だとは言い難い部分があります。内発性というのはきわめて狭く、その課題のおもしろさだと定義されていて、それ以外は全部外発であるとされていましたが、それはどうやら違うのです。外発といってもいろいろあるし、内発といってもいろいろあり、場合によって中間的なものもあり、さらに言えば、主体側の受け止め方で大きく変わり得るのです。

1970年代のオリジナルな内発的動機づけ研究は、あまりに素朴に内発性を強調しすぎたと思います。教育の現実を見なかったのではないでしょうか。そういうナイーブな理論が現実の学校教育にそのまま翻訳されたときには、プラス面もあるにしても、かなりのマイナスの影響をもたらすということです。

しかし、1980年前後以降、動機づけ研究も進歩してきました。このあたりの動機づけの理論の変化については、デシという研究者が代表ですので、彼の本を読むとわかります[*]。

デシは内発と外発の中間に、自律的な動機づけという概念を入れました。自律的動機づけというのは何かというと、仮に外からきたものであっても本人が自分のものとするならば、それは自律的に働き得るのであって、自分のものにするということがポイントなのではないかというわけです。つまり、先生からほめられた、するとほめられるために何でもするというふうに動くと、それは他律的です。とにかくほめられようという一心でやるのです。そうではなくて、その先生がほめてくれたのは、自分のこういうところの工夫がよいからららしい、だから、次に提出するときには、もっと勉強して新しい工夫を見せていこう。そうしたら今度は批判されるかもしれない。でも、それも含めて先生は自分の勉強の中身を考えてくれていて信頼できると思うなら、これは自律的なのです。だからほめるという働きが常に他律的に働く場合もありますが、相手がどういうところをほめてくれるかを考え、相手が理想としているところのあり方を自分の中に内面化してがんばろうとするかも知れません。そういう働きを自律性と呼びます。

教育における基礎研究の応用のしかた

そうすると、教育における動機づけについては、現場の教員に対して、ただ単に子どもをほめるようにという指導は誤解を生みがちです。ほめること自体は悪いことではないけれども、「ほめなさい」が「子どもを批判してはいけない」となりがちです。そうではなく、どうやって子どもが自律的に学ぶようになるかの手だてとしてほめるということがあり、別な場合には批判するということがあるわけです。ただほめればよいのではなくて、自律性というものに向かうほめ方はどういうものかということを問わなくてはいけないのです。何でもよいからほめればよいというわけでもないし、誰からでもほめられれば喜ぶということでもないのです。低学年の子どもならそうかも知れませんが、小学生でも高学年になれば、なんでほめられているかを考えます。つまらないことをほめているなと思えばそういう先生を信用しなくなるし、自分では変だと思っていることをほめられれば、かえって嫌な気持ちになることもあるかも知れません。

動機づけの研究自体は、基礎的な研究です。大学生や小学生を対象にしていろいろな実験をしたり、場合によってはネズミを使って実験したりしています。自律的な動機づけについていろいろわかってきたか

＊エドワード・L・デシ（1980）／石田梅男訳（1985）『自己決定の心理学——内発的動機づけの鍵概念をめぐって』誠信書房

（なお、上淵寿（編著）（2004）『動機づけ研究の最前線』北大路書房　がその後の展開を追うのに役立

らそれがすぐ実践に応用されていくかといえば、必ずしもそうではありません。

そこで、媒介的な働きが必要になります。基礎的な研究をよく知った上で、それを現場に合うような形にもっていく必要があるのです。同時に、学校現場で起こり得ることは何かを考えながら基礎研究につなげていきます。そういう働きをもつ人が必要だということです。

基礎研究をやっている人たちは、基礎研究もそれを翻案していけば実践にたどり着くと考えやすいと思います。しかしさすがに今、基礎研究をそのまま応用できるとナイーブに思う人はいないと思います。両者の間で媒介的に働く人がいて、応用してくれればよいと思うでしょう。

媒介となる人は、研究に精通するだけでなく、実践現場で今何が問題になっているのかとか、実践現場の中で何を変えなければならないかとか、実践現場で変え得る幅はどれほどなのかを知悉していることが必要です。実践の現場の中にあるさまざまな制約を守りながら、あるいは活かしながら、変えていくには何をしたらよいのかを考えます。

心理学者が講演して、ただほめるのではなくて、先生の考えるより良い学び方を子どもが内化できるように動機づけることが大切であると学校の教師に説明するとします。それを聞いたから実践現場が明日から変わるかというと、そんなことはありません。何も変わらないでしょう。学校の教師たちは、「今日は非常にためになった。聴いてよかったです」と、お世辞ではなく本気で言うかも知れません。それでも、「ああ、今日はいい話を聞いたな」と満足して帰るだけで、現場が変わるわけでもなんでもないのです。

こういう抽象論を「ごんぎつね」をどう教えるかという話につなげるのには、かなりの跳躍力がいります。現場の教師にはそんなことをやっている時間もないでしょう。だから間でそういう作業をする媒介者が必要になってくるのです。この媒介は、こっちで勉強した話をこっちで言い換えるという通訳のレベルではとてもやれません。独自の研究領域を作っていくしかないのです。これをどう作っていくかということが、深刻な問題となります。

媒介の作り方

この媒介をどう作るかにはいろいろなやり方があるということについては、すでに角度を変えて何度も述べてきました。前の方の章で、幼稚園や学校内の研究会への助言者になるという話をしました。そういうように、学校現場の改善や実践者自身がおこなう省察過程に研究者が関わっていき、それを促進していくことも、一つのやり方です。

ここでは、基礎研究でもなく実践研究でもない、媒介的なレベルの研究をどう作っていくかについて、述べようと思います。

これで尽きるとは思いませんが、二つの代表的なやり方があります。一つは、教育におけるフィールド研究とか質的研究とか呼ばれるものです。もう一つは、さまざまな評価研究です。この二つは重なるところもありますが、だいぶアプローチが異なります。

フィールド研究や質的研究自体は、実践に即しているものもあるし、基礎に近いものもあります。つまり、フィールド研究や質的研究と呼ばれているものとここで問題にしている基礎研究－実践の次元は、本来は交錯しています。特に心理学者がやるフィールド研究や質的研究は、その多くがかなり基礎的な研究です。そこではたとえばある特定の概念というものが現場の中で実際にどういうふうになっているのかということを検討しています。あるいは逆に、学校現場で働いている概念やメカニズムを心理学的に翻訳したらどうなるのかという問題意識をもっている場合もあるでしょう。同じ学校に関わるフィールド研究でも、社会学や人類学のものと心理学のものは、半分ぐらい重なっていますが、ニュアンスが違うように感じます。心理学者の研究は、やはり心理学的な概念を検討することが多いと思うからです。学校現場における言説、つまり学校教師たちが使うことばや概念が実際にはどういうものなのかということを記述していくということを中心にしています。

ほめるという行為のややこしさ

先生がほめるということが学校現場の中ではどういうものなのかという例に戻って説明しましょう。教育心理学の研究に、授業をビデオに撮って、それを分析し、教師のほめる、助言する、説明するといったいろいろな働きを取り出して、その割合を見たり、さらに教師の行動をAやBやCといったタイプに分けて、タイプ別の特徴を明らかにし、さらにそれが小学校の低学年と高学年とでは違うとか中学では違うとか、いろいろな分析をしているものがあります。たとえば、授業研究の古典中の古典に、ミハンという人の研究があって、[*] I - R - E構造というのを指摘しています。つまり、教師が説明（I、インストラクション）をして質問する、子どもが適当な反応（R、レスポンス）をして、それを先生が評価（E、エバリユエーション）をするというものです。フィールドワークをしてそのことを指摘しているのですが、一口に説明や評価と言っても非常に複雑であり、そのあたりを丹念に分析をしているのがおもしろいのです。先生は、生徒の反応が当たっていればほめ、違っていれば「違うよ」と言ったりします。あるいは、生徒が反応しているときに先生が沈黙するときは通常、「だめだよ」という意味になります。子どもが何か言ったときに良くない答えだとすると、何も言わずに違う子をあてるという戦略があって、それはその子の答えはだめだということなのですが、それを生徒の前であらわにしない方略を先生たちはとるのです。このように、エバリュエーション一つをとっても、実際には複雑な行為です。

日本の小学校で観察しても、授業で子どもが教師の質問に対して正当でないことを言ったときの対応のしかたは実に複雑です。またほめるということも結構ややこしいのです。なかには子どもが間違えてもほめる場合もありますし、そのほめ方の中身も複雑です。単純に量的に分析するときには、ほめるとか、評価するというカテゴリーに括ったり、せいぜい評価Aタイプ、Bタイプといった区別しかしませんが、もっと細かく質的に文脈を記述していくと、かなりいろいろなことが含まれている行為であることがわかります。

そういうややこしい問題の背景を理解するには、教師がほめる、あるいは励ます、批判するということがどういう意味をもつのか、どういう役割を果たしているのかを、具体的な教室の文脈の中で詳細に記述する必要があるわけです。こういう研究は、単純に基礎研究を応用するということではなくなってきます。また実践現場の事情というのは、「実践現場というのは複雑です」というのでは答えにならないわけです。

＊Mehan, H.（1979）*Learning lessons*. Cambridge, MA : Harvard University Press.

その込み入った事情をなんとか整理していかねばなりません。この分野が、今急速に広がってきています。

評価研究からのアプローチ

もう一つの流れが評価研究ですが、これはまったく違うアプローチです。さまざまな教育政策についてのエビデンスを求めていくという流れに関連しています。今、学校評価ということがさかんに言われています。これはある意味では納税者を納得させるためにはエビデンスが求められるということです。つまりその政策なり授業なりの有効性を証明しなければいけないわけです。学校は義務教育を中心として制度に守られてきたので、従来その有効性についてはあまり問題にされませんでした。学校でやっていることは役立つことになっていたのです。けれども、しだいに有効性を証明しないと予算をもらえないという事態に動きつつあるのです。これは大学はもちろんですし、幼稚園や高校の義務教育外の教育にまず要請がきています。たとえば多くの高校、特にいわゆる進学校では、今、学力の証明が、東大とか国立大学の入学者数とかになっていたりするわけです。エビデンスは本来は学力であると思うのですが。

義務教育とされているので小中学校はつぶれないように思われますが、しかし実は、公立といえども永遠につぶれないわけではないし、教育予算をどんどん削減される可能性があります。たとえば、東京23区の公立小学校の生徒の半数ぐらいは私立中学を受験するので、公立の小学校から中学へ行く生徒数は半数近くに減るようになります。そうなってくると、公立中学校の存在価値は薄くなってきます。しかし、私立の中学は学費が高く、ただでさえ存在する経済格差を拡大していくわけで、その進学があまりに増えることは決して好ましいことではないわけです。したがって公立中学のレベルを、いろいろな意味で上げなくてなりません。そういったさまざまな事情があって、学校評価が必要になります。

小中学校においては学校評価が義務化されるでしょう。それは単に自己評価したり、保護者に聞くという程度のものではなくて、教師や保護者以外の人たちの意見も聞くという方向に今進みつつあります。これがさらに進むと、いろいろな意味での第三者評価に入っていくわけです。第三者評価というのは当事者ではない人たち、特に、通常は専門家による評価です。専門家がその学校を見て良いとか悪いとかいう主観的な判断だけでは説得力がないので、当然客観的な評価方法の開発が求められます。そうすると、学力テストやさまざまな質問紙による調査、学校訪問による調査が入るわけです。イギリスの場合だと、国の評価機構があり（正確に言うと国の委嘱による外部機関です）、それが数年に一回各学校を評価して、それによって学校予算が配分されます。評価が非常に悪いときには校長を変え、それでも悪ければその学校をつぶすという方策を取り入れています。それが良いか悪いかは大議論があり、日本がそうなるとは思わないのですが、しかし、多少は評価を入れていくという方向性が出てきたわけです。

スクールカウンセリングの事業も同様です。今は日本全国の小中学校に多かれ少なかれ入っていますが、それは文部科学省の予算と自治体の予算で成り立っています。その効果がどこまであがっているかについてはかなりの議論があり、評価のエビデンスが十分でないと言われています。

評価のやり方をどう作っていくかということが、実は教育心理学者の大きな仕事の一つです。最近では、この面に教育社会学者もかなり加わり始めました。評価では、統計的な調査方法が重要になります。学力テストの開発やその成績処理はかなり大規模なデータであることもあり、学力というとらえ難いものをとらえることでもあるので、相当に専門的な工夫が必要になります。ですから実は教育心理学者の仕事の重要な部分が、この評価システムの開発なのです。そういう意味では学校現場と基礎研究のつながりというときに、一方できわめて記述的で質的な研究が広がりつつあるのですが、もう一方では、大規模で統計的な、ときに実験的方法論も用いるといった手法が展開されてもいるのです。この二つの両極の展開があって、大学における研究と学校現場における実践をつなぎつつあります。

第7章　実践現場のリアリティへ

前章では、基礎研究と応用研究の関連について述べました。それを受けてこの章では、実践現場のリアリティをつかむことをめぐって論じたいと思います。

実践的リアリティとは何か

リアリティを明確に定義することはできませんが、ただ研究者の志向としては大事なところがあります。現場のリアリティというイメージがあり、何かそういうものを取り出したいと思うわけです。たぶん研究者の志向としては、そういうリアリティを取り出してみたいと思う人と、理論化というか一般化、法則化を志向する人とがいるのではないかと思います。リアリティを求めることがそこでの法則性を捨てるということではありませんが、リアリティ志向の研究者は、実際にその対象としている場の中で何が起こっているのかをまず知りたいということです。

実践現場のリアリティをどうとらえまた記述していくか、分類していくか、研究に導入していくかということが、何十年も前から大きな問題意識になっていました。しかし、それにどう対処するかは、特に心理学者、あるいは多くの社会学者や教育学者にとってはなかなか難しい問題でした。前にも触れたように、伝統的に言えば、心理学も社会学も教育学も、主流の一つは文献的な研究であり、他方に質問紙によって対象の特徴を述べるという手法や、さらに心理学では実験法がありますが、それ以外の現場における方法はマイナーであって、十分に方法論が確立されていなかったのです。試みとしては１９２０年代からありますが、なかなかうまくいかなかったと思います。

その中で、少しずつ文化人類学の手法であるエスノグラフィーへの関心が生まれ、教育エスノグラフィーとか教育人類学、あるいは最近は教育の質的研究など、呼び名はいろいろですが、そういう分野が誕生しました。これは流れとしては、文化人類学におけるエスノグラフィー研究を都市社会にもってきたのです。主として出てきたのは１９７０年代以降だと思うのですが、都市社会の人類学的研究は現在きわめて活発です。たとえば都市におけるスラムの研究とか、あるいは、都市における祭りの研究などがたくさんあります。そういったアプローチを学校現場にもってくることもできるわけで、社会学者や人類学者が学校現場に行ってさまざまなビデオワークをし、エスノグラフィー研究をしています。

エスノグラフィーとは

エスノグラフィーとは何かというと、簡単に言えば、ある場をさまざまな角度から記述して全体像を描き出す試みだと言えるでしょう。そこで重要なことは、一つはその場に入っていくことです。二番目はそこでの当事者の意見や考え方をインタビューして聞き出すことです。それから三番目は、そこで起きていることを参与観察等を通して記述していくこと、四番目は、その場を規定しているさまざまな暗黙の、あるいは明示的なルールや法律、規範を明らかにすることです。

学校について言えば、校長は学校法上で規定されており、制度運営の基本は教育委員会の指示の下で決まっていきます。あるいはさまざまな通達もあるでしょう。それと同時に、学校における慣例的なやり方や規範があります。たとえば職員会議は法的に規定されており、また通達である程度細目が与えられています。しかし、慣例的な部分もあるわけです。ですから職員会議のエスノグラフィー研究や校長室におけるエスノグラフィー研究が当然成り立つわけで、実際そういう研究が若干ながらあります。この分野については特に、アメリカやイギリスの、主として人類学者や社会学者が、日本の幼小中高大についてそれぞれ優れたエスノグラフィー研究をしています。日本人の研究が少ないのは、エスノグラフィーというのは基本的には自分たちが熟知していることを対象にするのはなかなか難しく、知らない立場で入り込んで記述する方がやりやすいという特徴があるからでしょう。

心理学者から見ると、それらの研究をそのまま心理学で活用するのはなかなか難しいところがあります。多くの教育学者にとってもなかなか難しい面があります。たとえば授業改善をしたいと思うような立場からすると、現状のエスノグラフィーだとうまく働かないでしょう。どうしてかと言うと、このようなエスノグラフィーは学校をめぐる一種の権力構造を明らかにするものだからです。授業の中にも権力関係はあるでしょうが、授業の改善という視点でいうと、だいぶ距離があります。もっとミクロなレベルで学校の実態をわかるようにしたい、ということが、問題として浮かび上がってきました。

ミクロな分析へ

1970年代以降、かなりミクロなレベルのエスノグラフィックな研究が出てきました。代表者はフレデリック・エリクソンというアメリカの教育社会学者です。教育フィールドワーク、教育エスノグラフィーの大家ですが、その人が、かなり初期の頃に教室場面をビデオにとってそれを解析しながら、エスノグラフィックに位置づけるという仕事をして、有名になりました[*]。マイクロエスノグラフィーと呼ばれますが、要するに、子どもや教師の動きをミクロな視点で細かく取り出しながら記述していったのです。また、その頃のユニークな研究に先にも触れたマクダーモットの学習障害児の研究があります。その論文の中でアダムと仮名が付けられている男の子は学習障害児なのですが、実際に場面をビデオに撮って分析すると、確かにいろいろな問題が解けないのだけれども、まわりの子に教わったり、いろいろ工夫しながらなんとかやっているのです[**]。

ともあれ、そういったミクロなレベルの教室場面の記述研究が出てきました。当時もその後も教育心理学者が中心になっておこなう授業場面の観察研究は、だいたいはビデオに撮って教師が何か質問して生徒が答えるそのやりとりを分析しています。そういう分析は今でも有用性はあると思いますが、いろいろな意味でリアリティをとらえそこなっているという感じが強くしてもいます。なんとかその辺を解明したかったところに、会話分析という手法が日本に導入されました。エスノメソドロジーという社会学の一流派は、会話のミクロな分析のある種のスタイルで、そこから会話における権力的実践を解明することを目指したのでした。

ちなみに、エスノメソドロジーについて私が初めて知ったのは1975年頃ですが、日本語での紹介はほとんどなく、まだ英語の文献もそう多くはありませんでした。サックス[***]という人がいて、この人がエスノメソドロジーを実質的に作った人です。その人のいくつかの論文、またエスノメソドロジーの論文集が何冊か英語で出て、それを読みました。日本でエスノメソドロジーのいろいろな人たちが実際に会話を録音して、分析を始めたのは、それから何年かたってからでしょう。心理学者はあまり難しいことは考えないのですが、手は早いので、「まあじゃあ分析しようよ」みたいな感じで、エスノメソドロジー的分析とは違いますが、会話分析を導入しました。つまり授業や保育などをビデオに撮り、試行錯誤しながら細かい分析をしていったわけです。

そうこうしているうちに、今、一橋大学にいる佐藤郁哉さんが『暴走族のエスノグラフィー』という本

*Erickson, F.（1986）Qualitative methods in research on teaching. In M. C. Wittrock（Ed.）, *Handbook of research on teaching*（3rd ed.）（pp. 119-161）. New York, NY : Macmillan.

**第1章、9ページを参照。

***Sacks, H.（1972）On the analyzability of stories by children. In J. J. Gumperz, & D. Hymes（Eds.）, *Directions in sociolinguistics : The ethnography of communication*（pp. 325-345）. New York, NY : Holt, Rinehart and Winston.

を出しました。アメリカのシカゴ大学を拠点としたシカゴ学派と言われる人たちがフィールドワークを中心とした社会学の展開をしていて、それ以前の1920年代にはG・H・ミードがいましたので、象徴的相互作用論の流れをくんでいます。佐藤さんはそういう流れの中で暴走族にインタビューをしたり、アンケートをとったり、いろいろなことをやったわけです。その『暴走族のエスノグラフィー』[*]が出て、私はおもしろく読みました。学校現場への入り方へのいろいろなヒントがあるなと思ったのです。要するにエスノグラフィーとかフィールドワークという手法が、日本語の世界でかなり広がってきました。

英語圏における流れと日本の研究者の世界とはかなりズレがあるので、日本における教育研究の中でフィールドワークのやり方が広がり始めたのが1980年代で、普通になってきたのは1990年代だと思います。教育社会学の古賀正義さんの若い頃のフィールドワーク研究は高校のフィールドワークですが、要するに古賀さんが院生のときに、その高校に非常勤で行っていて、そこでの実態を書いた本です[**]。その古賀さんの先生が山村賢明先生で、今述べた流れをよく勉強してエスノメソドロジーやエスノグラフィーを日本に取り入れた方です[***]。こういう流れが、教室におけるジェンダー的な問題や隠れたカリキュラムの研究などに発展していきました。

現場の観察に入る

そこで私が考えたことは、一つは学校現場に参与していかなくてはいけないということです。もう一つはミクロな視点を入れたいと考えたわけです。そのときに、ビデオ分析とビデオ以外のさまざまな観察とインタビューを組み合わせていくということをするようになりました。何をしてよいのかよくわからなかったのですが、とりあえずそのようにして開始したわけです。そして、授業改善にどうつないでいけるのか、教師の視点はどうなのだろう、子どもの視点はどうか、子どもはそこで何をしているのだろう、というようなことを見たいと思いました。

こういう研究は従来おこなわれていませんから、なかなか難しいのです。その上、私が主として研究してきたのは幼児ですが、先ほどあげたフィールドワークやエスノグラフィー、特に社会学的な優れたフィールドワークの中心は、だいたい、中学生、高校生です。小学生になるとちょっと感じが変わってきて、幼児となるとそれら先行研究と同じやり方ではできないのです。まず、幼児はあまり発言しません。もちろんいろいろなことを言いはしますが、断片的なのです。また、エスノグラフィーにおいては当事者へのインタビューが重要ですが、幼児に聞いても大したことは言ってくれません。小学校高学年ぐらいになるといろいろ言いますが、低学年とか幼児に「さっき先生こうしたけれどもどう思った?」と聞いても、しゃべる子もいますが、たいていは「うーんとわかんない」で終わってしまいます。ですから、データにな

*佐藤郁哉（1984）『暴走族のエスノグラフィー――モードの叛乱と文化の呪縛』新曜社
佐藤郁哉（1985）『ヤンキー・暴走族・社会人――逸脱的ライフスタイルの自然史』新曜社
**古賀正義（2001）『〈教えること〉のエスノグラフィー――「教育困難校」の構築過程』金子書房
***山村賢明（1982）「解釈的パラダイムと教育研究――エスノメソドロジーを中心として」『教育社会学研究』37、20—33

らないのです。もちろん聞き出す工夫はありますが、エスノグラフィーでおこなうようなインタビューはたくさんしゃべってくれることを前提としているので、そういうアプローチをそのままもってくることはできないのです。

つまり、幼児には、エスノグラフィーにいうトライアンギュレーションがあまり可能でないのです。ちなみにトライアンギュレーションというのは三角測量という意味で、同じことがらについて複数の視点から多重に見ていくことです。だから、観察とインタビューで言えば、教師の視点と、子どもの視点と、観察者の視点を重ねて立体的に合わせていって、それぞれに重なるところと矛盾するところを見ていきます。重なるところがもちろん一番信頼できるのでしょうが、矛盾するところにも意味があります。ところが幼児では、トライアンギュレーションがあまり簡単ではありません。また、先生に聞いても、なかなか雄弁な先生もいますが、必ずしもそうでもありません。なかにはいろいろ細かく解説してくれる人もいますが、首をかしげて「何かそういう感じがしたりします」とか、茫漠としたことを答える人が多いのです。

そういう困難はありましたが、きちんと幼稚園の観察をしたいと思い、ある年に本腰を入れてやってみました。そして、とりあえず目の前で起きている身体的な動きを記述してみようと考えました。たとえば、大型積み木で積み木遊びをしているときに、もう一つ持ってきて横に置いた。さらに三角のを置いた。隣にまた置いた。あるいは二つ並べた積み木の上に置いて、その下をくぐった。たぶん、門のように見立てて何かやっているんだろうと思いますが、そういう動きを記述したわけです。その記述は素朴なものです。だから、「大きい四角い積み木を置いた。もう一つ置いた」といった、子どもがやったことをごく普通に記録したわけです。そのときはビデオを使っていなかったので、メモで書けることを書いたわけです。ですから子どもが言ったことや先生が言うことも、手書きのメモなので厳密に忠実ではないのですが、一所懸命書いていています。動きも書いて、あとでそれをワープロに打ち直して詳しく分析するようにしました。ビデオもそれ以前から使っていましたが、メモを元に行ったアプローチをそのデータにも使って検討しました。あれこれ撮って文章に起こし、記述のしかたとか、解釈のしかたを改訂していったのです。ビデオが便利なのは、あとで気になるところを何度でも観て、「あ、そうか」と改めて気づくことができることです。

この研究は最終的には『協同するからだとことば』[*]という本にまとめました。この本に書いたことは最終結果で、そのもとになった一番古い論文はもっとずっと前に書いているので、結局この本をまとめるのに20年ぐらいかかっています。要するにかなり若い頃にやった仕事と、ごく最近やった仕事が混ざっています。

とにかく身体の動きを記述していこうと思ってやっていたのですが、ちょうどそのころ東大の佐々木正人さんがアフォーダンスについて解説した本[**]を出しました。アフォーダンスはギブソンが提起した概念で、その前から知ってはいましたが、あまりよくわかっていませんでした。この本は佐々木さんの解釈の下で書かれていて、よくわかった気がしました。自分の仕事、つまり幼児レベルあるいは乳幼児レベルの研究でも結構使えると思ったのです。むしろアフォーダンスの考えは、ことばでいろいろ展開してしまうと分

＊無藤隆（1997）『協同するからだとことば――幼児の相互交渉の質的分析』金子書房
＊＊佐々木正人（1994）『アフォーダンス――新しい認知の理論』岩波書店

析がかえってしにくいところがあって、身体動作の方がよく分析できるわけです。アフォーダンス理論は生態心理学に発していて、本来は実験的かつ自然科学的な心理学だと思うのですが、佐々木さんはその辺を微妙に作り替えていると思います。私は別に生態心理学そのものではなくて、その考えを利用して自分の幼児や保育の質的な分析に適用してみたということです。わざわざそう言うのは、生態心理学の中心はきわめて実験的であり数量的であって、ある意味で機械的アプローチだと思いますが、そういうのとは違う質的なアプローチに適用したということを指摘しておきたいからです。

ことばではなく動作を記述するというのは、思いついてみると簡単なことです。たとえば積み木遊びの分析をしてみましょう。これは私はまだ論文にしたことはありません。満2歳前後、1歳半か2歳半ぐらいの積み木遊びの構造は、なかなかおもしろいのです。その記述研究は有名なゲゼルにまでさかのぼるので、1930年代からありますが、その後はあまりきちんと研究されていないようです。

1歳後半ぐらいの子どもに積み木を与えると、そのうち積み木遊びを始めます。子どもは積み木を一つ床に置いて、たいてい同じものを上に乗っけるか、横に置きます。さらにもう一回積むこともあります。間を空けて縦に2本を置いて、その上に細長い積み木を寝かせて置けば、門になります。どの子どももそうするかどうかは誰も確かめていませんが、おそらくいろいろな家庭でそういうことが起きていると思います。つまり何段か積み上げるか、または長い方を横に置きます。横に延ばしてくるのと、縦にあげるのと、その組み合わせがあります。

子どもはどうしてそういうふうにするのでしょうか。積み木があると、その上にもう一つ置きたくなるのだ、柱が2本あれば、その上に横に置きたくなるのだ、というのがアフォーダンスです。それを難しく言うと、積み木が、その上に置くことをアフォードするとか、横に置くことをアフォードするとか言います。こういうのはあまり科学的な説明ではなく、その限りでは賢明な説明だとは思いませんが、でも少なくとも、確かにそうだ、という感じを私はもったのです。そういう立場でいろいろと記述しても良いのではないかと思ったわけです。

行為可能性の記述に向けて

たとえば4、5歳の子どもが、幼稚園で砂場遊びをしているとします。そのとき、だいたいは穴を掘るか、山を作るか、水を流すかします。そういう観察を細かく記述して、分析していったわけです。子どもがいて、そこに物があり、その物との関連において行為が生じます。私はアフォーダンスを「行為可能性」と言い換えているのですが、物にはそれがもっているいくつかの行為可能性があります。積み木の場合には縦に置くか横に置くか、基本的には二通りの可能性をもっています。これは確率的なものですから、もちろん、他にもあり得ますが、現実に子どもは微妙に斜めに置いたりはしないのです。だいたい上に重ねて置くか横にまたがるように置くかで、それは知覚的にそれが自然だからでしょう。砂場の場合で言えば、砂という物の特性上、穴を掘るか山になります。砂粒の集まりですから、それ以外のややこしい形はできません。だから自然に山か穴になるのです。そこに水が入るか入らないかはもちろん水道があるかどうか、水を入れることを先生が認めているかどうか、他の子どもがやっているかどうかといった社会的相互作用によって変わります。いずれにしても、そういういくつかの可能性の中でやっているわけです。

『協同するからだとことば』の中で基本的に主張していることは、人と物の関係の中で人間は動いている、つまり、人間というのは物がもっている行為可能性を利用する存在だということです。もう一つの主張は、この人と物との関係から人と人の関係が生まれるというものです。子どもと子どもの相互作用というのは、ある子どもが砂を掘り、別な子どもがそばに行って山を作ると、子ども同士の相互作用が生まれてきます。どうして生まれるかというと、どちらの子どもも砂というものに相対して、砂がもっている可能性を利用しているので、そのことを介して子ども同士の関係が成り立っているからです。

こういった考えがもっている意味は何かというと、一つは人間同士の相互作用を見るときに、ついことばのもっている意味を考えますが、意味以前の身体の動きの関係がその元にあるだろうということです。たぶん身体論の影響もあって、私はそう考えています。それからもう一つは、心理学者というのはだいたいは心の内面を考えるわけで、つまり、動機づけであるとか、心の中の思いや考えとか、相手のもっている考えを推測するとか、そういうふうにとらえています。そうすると、幼児同士の相互作用においても、相手の意図をどう汲み取るかとか、相手はどう思っているかということを考えて行動しているといった理屈を立てています。あるいはまた、幼児は未熟なので、認知過程のある部分ができないからうまく相手に対応できないといった、情報処理的、認知論的な分析をします。

それに対してここで展開している考えは、そういう内面の操作とか、内面の思いや考えというのは考慮しなくてよいのだということです。実際にはそういう内的働きも多少はあると思いますが、とりあえずそれは括弧に入れておいて、外に出てくる動作だけで分析していったらどうなるのだろうかということです。もちろん実際の分析はそこまで極端ではなくて、子どもはたとえば砂場で「山みたい」と言うし、穴に水流して「川だよ」とか、「ダムだよ」とか言うでしょう。そうしたら「ダムだよ」と言っているからダムに見立てているんだな、と、当たり前ですがその程度のことは私も考えます。ですからもちろん、ことばの意味を使って分析しているのです。でも、できる限り、ことばの意味をあまり深く考えないようにして、動作の範囲で分析します。目の前の対象を指して「ダムだよ」と命名していることにたいして、凝った解釈がいろいろな立場からあり得るとは思いますが、要するに水がたまっている様子を表現することばとして使っているのだろうぐらいにとどめて、それ以上深く内面にはつっこまないようにしようという考え方です。

ミクロにリアリティをとらえる

フィールドワークやエスノグラフィーで言っているリアリティと、ミクロに子どもの行為の分析をするときのリアリティというのはずいぶん違うと思います。それは現場というもののリアリティをとらえる、いわば二大視点と言えるでしょう。リアリティをとらえるという意味では、理論志向、実験志向の立場と対立してエスノグラフィーをやる人も身体的な活動レベルのミクロな分析をする人も学界で共同戦線を張ることが多いと思いますが、実は相当違う立場でやっていると思います。

これを言い換えると、ドロドロ派とスッキリ派がいるように感じています。要するにドロドロ派は、エスノグラフィー的な志向と言えるでしょうか。スッキリ派というのはある視点を限定して、そこから見えるところで勝負して、余分なことはできる限り切り捨てていくというやり方です。ドロドロ派の人はだいたい現場系の人や、それから社会学者や人類学者もわりと多いようです。現場の泥沼に入り、そこでもがいていています。スッキリ派というのはどちらかというと、現場には関わるけれどもちょっと距離を置いて観察するという方向でやる人たちが多いでしょう。私はどちらかというとスッキリが好きです。

リアリティの複合性とか多面性とか多層性とかを考えると、教室現場における教師と子どものやりとりにしても、その背景には学校組織があるではないか、また教育委員会や文部科学省のような教育行政もあり法的な規制もあるだろう、あるいは日本の教育風土の文化的な影響があるはずである、また、ジェンダー論でいうジェンダー差別がここに入り込んでいくのではないか、ということになります。さまざまなことがらの集約として一つの場があるわけです。そうするとその場をとらえるには、そういったさまざまなレベルや視点を組み合わせて総合的に記述していくことになります。

たとえば観察をしていたら、入園したての3歳の子が砂を手にとってぱーっと投げ、まわりの子にかかって危ないので、先生が止めたということがありました。その子は「キャッキャッ」と笑っていました。このエピソードをどのように分析していくかというとき、ドロドロ的総合的にとらえるとするならば、たとえばその子の家庭背景、生育史、あるいはその前何週間かのその子にとっての家庭や親のあり方、4月以来の先生の対応、その子と友だちとの関係、まわりの子どもがどの程度目に入ってやったのか等々、いろいろ考えるでしょう。それはそれで分析の正当性がかなりあると思います。

一方で身体の動きに注目する人は、「砂って何か気持ち良いよね」とか「サラサラしていれば、ぱーっと投げたくなるし」みたいなことを言いたくなるのです。そういう考えから言うと、砂のようなものはぱーっと投げるのが普通であるはずで、むしろどうして他の子はしないのかと、逆の問題設定をすることになります。実際にその様子をよく見てみると、ぱーっと投げないまでも、砂を手にもってサラサラサラと流すというのは結構やっています。乾いた砂は大きくまとまった固体のように見えながら、さわるとぱらぱらしています。そういう不思議さをもった素材です。そうするとぱーっと投げる行動は、砂という素材の一種の探索行動なのだというふうにとらえることができます。砂がもっているある特性の活用です。

別にどちらの視点が正しいという話をしているわけではありません。ただ、視点が違うのです。ですから実践現場のリアリティというときに、本当はこの両面を考える必要があると思います。

ミクロなレベルの視点があり、それを制度等の大きなレベルが囲んでいるということなのだと思うのです。授業で言えば、教師が説明し、子どもが聞いているその身体の動きやことばのやりとりの一コマを細かく分析することもできます。けれども、なぜその先生がその発問をしたかといえば、多くの場合には、その教材を教えるときにはそういう発問をすることになっているからです。もちろん先生の独自の工夫もあるでしょうが、大方は指導書に沿っており、だいたいそうするものだと決まっています。ベテランの教師がやりそうなことは教師の世界に流通しているので、だいたいそういうのにならいます。だから、瞬間的なやりとりや動きを見るというだけではなく、大きなマクロなレベルとミクロな瞬間的なところの中間的なレベルも含めて、その間の研究をどうつないでいくかということも考えるべきでしょう。

ルーティンということ

私としてはつなぐ概念をどうしたらよいかを考えて、ルーティンに着目しています。ルーティンというのは決まり切った手順という意味です。エスノグラフィーというのは本来はルーティンを記述することなのです。エスノグラファーにとって大事なことは、その場においてルーティンとして起こっていることは何かを見つけて記述することです。ルーティンとして起こっていることは当事者にとっては当たり前すぎるので、なかなかことばとして出てきませんから、部外者が記述するのがよいのです。たとえば学校の授業でいうと、教室があり、黒板があり、板書にはチョークを使うとか、授業には時間割が与えられていて、算数の時間には、子どもたちは先生に言われなくても教科書を開いています。ルーティンというのは、要するにそういう決まり切ったことです。だから多くのエスノグラフィーには、そこに暮らす多くの人にとっては当たり前だと思うことが書かれているのです。

エスノメソドロジーが画期的だったのは、当たり前だと思われることを暴き出す一種の手法であるということです。当たり前であることがなぜか強制力をもって成り立っており、それを変えることがきわめて困難で、変えようとすると非常にまずいことが起こる、ということを、エスノメソドロジストは鮮烈に示しました。たとえば有名なエスノメソドロジーの創始者であるガーフィンケルの本を読むと、学生への課題の一つに、「挨拶をしない」というのがあります。どういうことかというと、知り合いにあっても一切無視しろ、というのです。すれ違ったときに目が合えば挨拶するものですが、そのときに、目をそらせ、挨拶しないのです。そうすると一日やるだけでもすごく辛くて、みんな一週間ももちませんでした。嘘だと思ったら試してみるとよいでしょう。丸一日やっただけで、周囲から悪評が立つか、どうかしたかと心配されるでしょう。そういうたぐいの日常実験をやらせて、ガーフィンケルが教えようとしているのは、日常生活というのはそういう当たり前でトリビアルな、ささいなことの集積であって、そのささいなことを外す瞬間に、日常というのは一気に違うものに変わるということです。まるでホラー映画ですが、挨拶一つしないというたったそれだけのことで、日常生活がある日突然変わるのです。もちろんささやかな変え方はもっとたくさんあって、ある日突然男性が女装するというのでもよいのですが、昨今は、そのぐらいのことでは誰も驚かないかも知れません。ささいなどうでもよいようなことをちょっと変えただけで世界が変わるというあたりが、エスノメソドロジストが発見した非常におもしろい点だと思います。

つまり逆に言えば、日常生活を支えているのはある種のルーティンなのです。そこは非常に乱しにくいのです。もちろんルーティンの中には安定した強固なものと緩やかなもの、また、容易に変え得るものやその他いろいろあります。

学級崩壊の現象は、ある種のルーティンの崩壊です。そういったことが起こると困るのは、ほとんどの授業の工夫が子どもが席に着いていることを前提としていて、そこからスタートしているからです。中学生、高校生だと従来も廊下に出て戻らない生徒がいて、それをどう教室に入れるかというノウハウが昔からあるのですが、小学校ではあまりそういうノウハウがありませんでした。当然席に着いているものだったのです。ひとりふたりではなくて、クラスの半数ぐらいが席に着かない事態になると、教師としてはもう対応できないのです。「おまえらなんだ！」とどなりつけるのも小学生にはわりあい有効だったのですが、あるときに誰かが「どなりつけられても平気だ」と発見した瞬間に、どなりつけるという行為が無効になります。今時体罰はできないので、せいぜいどなりつけるぐらいなのですが、どなられて平気だという子が出てきたわけです。家でさんざんどなりつけられていたりするのでしょう。

それからまた最近ということでもありませんが、怒ると言い返す子どもがいて、小学生に「死ね！」とか「ブス！」とか言われると対応に困ります。そういうのを見ていると、お説教のしようがない気がします。一見無邪気な小学生にこう言われると、教師はかなり傷つくのです。それからまた、小学生に言われたごときで傷つくということに傷つきます。大学生に言われたのなら、おそらく傷ついてもまわりの人が同情してくれますが、小学校5年生に「アホ」と言われても「そんなのなんとかしろ」とまわりの同僚たちは思うわけですが、言われた教師は困るのです。小学校5年生にムキになって言い返しても、問題を大きくするだけではなく、外から見ていると大人げないという感じになります。だからそういうことに巻き込まれると、先生たちの消耗度にはかなりのものがあります。

それに対応するやり方はあることはあります。無視するか、距離をとっていればよいのです。向こうはこっちを興奮させようと思っているので、ムキになってどなりつければ相手の挑発に乗っているだけで、ちょっと距離をとればよいのです。小学生が働かせる知恵は複雑ではないので、どのみち大したことは言わないのですから。それからまた、無視していると、子どもも悪口の言いがいがないから言わなくなります。とはいえ、子ども同士で荒れていきますから、止める必要はあります。

教師がカーッとなってしまうと、当然守られるルーティンが壊れることになります。それは、さっき言った挨拶が無視されるというのとかなり近い感じです。中学校ぐらいになると学級崩壊はめったになくて、何人か外に行ってしまうというのはよくありますが、典型的には先生の問いかけにクラスの誰も反応しないというものです。教師が質問しても誰も手をあげない、指名しても答えない、みんな黙って下を向いているという具合です。もちろん意図的にやっているのです。教師はどうなっていくかというと、黒板の方を向いて板書して、早口でしゃべって終わるわけです。そういう授業がたまにあります。それはもちろんそれなりの経緯があって、子どもがむかつくようなことがいろいろあったのだろうと思います。

こういうルーティンとその崩壊という概念を入れることで、もう少しマクロレベルとミクロレベルをつなげられないかと考えています。ルーティンが成り立っている背景には、昔からの慣習もありますが、指導要領とか教育委員会の指示、あるいは教師集団の考え方というものがあるでしょうから、それらを含めて分析しやすい、ということもあります。

説明を加える

リアリティをとらえる研究というのは、こういう具合にその「場」において実際に何が起きているのかを記述するということです。しかしながら、研究者はジャーナリストではありません。最近はジャーナリストの一部は研究者であり研究者の一部はジャーナリストで重なりがあり、特にフィールドワークの一部はジャーナリズムの優れた仕事と重なりますが、でも、基本的に違います。研究者は、ある場のリアリティを記述しつつ、そこからある種の法則性とか一般性を求めていきます。ですから、現場のリアリティと一般性とがどういう関係をもつかということが、次に問われることになります。

つまり、ある教室に行ってそこでは授業をこういうふうに展開している、ということを発表したとして、それが何を意味するかということです。英語でよくそういうことへの疑問を“So What?”と言いますが、「だから?」ということです。そこで何が言えるのか、その先に何がさらに言えるのか——たとえば、なんとか小学校のクラスでこういうことがあった、「で?」ということです。「そこから何らかの一般的な議論をしなさい」ということです。

たとえば学級崩壊の話でいえば、ある小学校の5年生ではクラスの半数が廊下に出るとします。もうちょっと多いのは休み時間に教室の外に行って、チャイムがなってもすぐ戻ってこず、だらだらだらと入ってきて、教師が呼びに行って全員が戻って来たぐらいで授業時間の半分ぐらいが終わっていた、という場合です。そうすると最初からいるまじめな子もうんざりしてきます。教師が「じゃあ、教科書なんとかページ開いて」と指示すると、「先生、教科書ない」とか言って、探しているうちにチャイムが鳴って従業が終わってしまいます。そういうことが実際に起きています。

小学校と中学校でそういうことがあったと報告されたとします。それぞれ「だから？」ということが反問されます。そうすると、たとえば、小学校のスタイルと中学校のスタイルの違いを見つけることができるかも知れません。中学生はもう思春期なので、この違いは子どもの成長段階の違いのようにも解釈できそうですし、小学校と中学校では教授スタイルが違うので、そのことを示しているのかも知れません。あるいは小学校と中学校の生徒指導のスタイルの違いによるとも見なし得るでしょう。中学校には、たとえば、生徒が廊下で騒いでいると、体育の先生が身体をはって止めるというような典型的な生徒指導スタイルがあって、今でも多少そういうことができる教師がいます。小学校ではそういう生徒指導の伝統がありません。従来は、体育の先生が身体をはるという必要もなかったのでしょう。そういう中で、立ち歩く子どもが出てくるとなかなか大変です。小学校でも5、6年生になると、身体の大きい男の子がいて暴力をふるう子もいます。教師を殴る子もいなくもありません。女性の先生も多いわけで、そういう子に対応するのはなかなか厳しいと思います。

そう考えてみると、授業スタイルのタイプとか、あるいは生徒指導のタイプ、学校の雰囲気など、「だから？」ということへの答えとしてもう少し一般的な議論が可能です。そういった一般的な議論を支えるだけのデータがそこで提出されているかどうかが、研究者として問われるわけです。もちろん、実際には一回の研究だけでは難しいでしょう。たとえば生徒指導のスタイルに違いがあるのではないかという仮説を立てたとすると、自分のデータだけでは間に合いませんから、これまでのいろいろな教育研究の議論、生徒指導論の記述を精査して比較してみるとか、生徒指導担当や教育相談担当の教師にインタビューするとか、また、そういうことを担当者に質問紙でアンケート調査するなど、いろいろとできるはずです。そこから、ある程度一般性をもった仮説が生まれてくるわけで、そうすると、たとえば、小学校の学級崩壊で言えば、どう収めていけばよいかということへのある種の見通しを立てていくことができます。

小学校の学級崩壊の話は、実際に私が多少関わった学校の実例です。その後私が忙しくなったので、別の人にゆだねて、結果的には治まりました。学級崩壊の起きたクラスの担任の先生は数ヶ月間、病気休職という名目で授業から外れ、その間、最初は校長、教頭、主任が代わる代わる見て、保護者も廊下や教室で、交代で子どもたちを見張っていました。それがしばらく続いた後に、教育委員会が留守をあずかる先生を派遣してきました。翌年になって担任の先生が復帰しましたがすぐ別の学校に転任となり、その後に評判の良い先生をあてると、見違えるようにクラスが変わりました。そういう経緯があります。私が行ったのは5年生の2学期の半ばでしたが、崩壊の芽生えは、誰も直接的には観察していませんでしたが1学期から始まっていました。これは担任教師・子ども・保護者・管理職等の組み合わせの中で、学級崩壊が起きて回復した実例です。

このような話は、学校現場にしょっちゅう行っていると、ときどき起こることです。だからこれほど極端なことは少ないにしても、それ自体はめずらしい話ではありません。そこからどういう一般性を引き出すかが問題になります。実践現場のリアリティをとらえればそれで終わりではないのです。

もともとエスノグラフィーは、世界中に未知の小さい社会がたくさんあったので、西欧の学者が自分たちが文明だと決めつけた上で、「未開」の相手のところに勝手に押しかけて記述していったのが始まりです。そういうやり方で文化人類学は、いろいろめずらしい文化や民族を記述してきたわけです。

教育エスノグラフィーも、先ほど述べたように、アメリカ人が日本の高校や日本の幼稚園に来て記述研究をすれば、アメリカ人にとっては日本の幼稚園のスタイルは欧米と似ていながら違うので、非常におもしろいものとなり得ます。しかし通常の教育エスノグラフィーや教育のフィールドワークや観察研究などは、すべて普通のことの記述なのです。特に日本人にとって日本の学校や幼稚園の話は、よくある話です。小学校の学級崩壊にしても、学校現場に詳しい人にはそうめずらしいことではありません。まして幼稚園の砂場の話をしたら、そういう遊びはうちの子もやっていますとか、私も小さい頃やっていましたという話です。近所の幼稚園に行けば見られるでしょう。そうすると、そこを克明にリアルに記述するだけでは、研究としてはあまり実りがありません。リアルな記述とともに、どうやってそこにある種の一般性を見いだすか、そこが非常に問題です。基礎研究と具体的な教育の両者に、今のようなリアルな記述分析をどうつなげていくかということが課題であると思っているわけです。

第8章　ボトムアップの教材分析

実践現場と研究の関わりの具体的な展開として、本章では、ボトムアップの教材分析という考え方を紹介したいと思います。これは、私がこのところ考え、提案しているものです。

授業における教材の働き

授業場面では、教師と子どもの間に教材が介在しています。ですから、授業のときの子どもと教師のやりとりを問答として分析するというのも一つの考え方ですが、もう一つの考え方は、教材をはさんだコミュニケーションとして見るというものです。教育研究では、教師が子どもに何かを教えるという考え方に対して、教材に対して教師と子どもが共に関わっていくという考え方があります。別にどちらが正しいということではなく、両方の側面があるということです。

この二つの見方では、教材のあり方の重みが少し変わってきます。教師が子どもに教えるという考え方では、教材が教師の説明の素材を提供するというように考えます。それに対して、教材をはさんだコミュニケーションという見方では、むしろ教材自体が教える内容をもっていて、それを子どもが探索していくのであり、教師がその探索を助けていくのだと考えます。

どちらの考え方にも共通しているのは、教材が重要だという考えです。教材がどういうものかによって、教える中身の質が決まるのだから、教材のあり方が授業の良し悪しに決定的だという考えです。

しかしそれに対して、実はそうではない、指導、すなわち教師のあり方が重要なのだという考えもあります。どういう教材であっても、教師の発想や、教師の子ども理解、その場の雰囲気をつかむ力等によって、それが活かされるかどうかが決まっていくという考え方です。教師の指導性、子どもとのやりとりの巧みさや技術、子どもの気持ちをつかむコツ、そういう部分を重視する立場です。心理学者はこちら側に傾きがちですし、教科教育ではないところで研究している教育学者の多くも、指導性を中心として考えていくだろうと思います。私も、どちらかといえばこの立場です。

しかし最近、現場で教師たちと一緒にあれこれ考える中で、むしろ問題は、指導と教材が分離していることにあるので、どうやってこの二つを統合していくかということが重要ではないかと考えるようになってきました。もっとも、世の中で二つが対立してこっちが大事だ、あっちが大事だというときに、だいたい正しい意見は両方大事で、両者を統合することとなるものです。しかしそういうコメントは常に正しいけれども、つまらない意見です。簡単に統合できるぐらいなら苦労はないので、できないから、こっちだ、あっちだと言っているのです。だから、具体的な方法論を考える必要があります。

ボトムアップの教材分析を進める

そこで、「ボトムアップの教材分析」という立場を提唱しています。実際に授業や保育で教材が提示されるときに、そのときの子どもの様子を見ながら、教材の意味を考えていくということです。教師たちは日々の実践でどういう発問がよいかなど、いろいろ手探りしているわけですが、たとえば国語の教材の文学的な価値だの歴史的な位置づけだのという、そんな難しいことを考えているわけではないでしょう。そういう日常の教師の手探りをもう少し組織的なものにできないか、さらに、個別の発問を調べるだけではなくて、そこで得られた知見をもっと一般化する方向にいかないかということです。

簡単にいうと、実際の授業や保育における子どもの反応を見ていき、そこから教材のもつ価値や意味を探り、授業や保育にとっての可能性を取り出そうということなのです。教材と子どもの関わりを見ていくのです。授業や保育において子どもがすることは、教材のもつ価値を探り出すことであると基本的にとらえています。

幼稚園での砂場遊びの例

幼稚園の例をあげましょう。幼稚園にはたいてい砂場があります。砂場という教材がいつどこで成立してどういうふうに展開してきたかについては、多少は研究があるものの、あまりよくわかっていません。

少なくとも、大正時代にはかなり普及していたのは確かですが、始まりが今一つわかりません。ドイツかどこかの物を参考にして、誰かが日本に入れたのが、だんだん広まっていったのではないかと推測しています。

欧米では日本風の砂場というのはあまりないようです。日本中すべての幼稚園で同一ではないにしても、日本風の砂場にかなり共通しているのは、まず園庭にあることです。それから大きさは四畳半程度か、もうちょっと大きいものもあり、小さめでも二畳か三畳はあります。欧米で砂場に相当するのはサンドボックスというもので、だいたい室内にあります。中庭に置いている例もあるとは思いますが、要するに雨の降る外に置くということはあまりしません。

日本の幼稚園の砂場に比較的多いスタイルは、部屋を何歩か出た外にあって雨ざらしで、大きく、子どもが中に入って遊べる、というものです。砂場の深さはさまざまですが、穴が掘れる程度にはあります。浅いと、風や子どもの遊びで砂が庭に行って減ってしまいます。また日頃から保育者が適当に掘り返していないと、堅くなってしまいます。それから、園によっては枠なしで、砂がだーんと庭に置いてあるという豪快な園もあるでしょうが、普通は枠の中に置いてあります。通常近くに水道があり、バケツやホースで水を入れることが許されています。砂が深い本格的な砂場は底に砂利を入れますが、砂利でなくても土であればだんだん水がしみこんでいくので、水がたまらないしかけです。下をコンクリートにしたら水がたまるので、その場合には水が抜けるようにします。

こういう生態学的条件をもつ砂場で子どもは何をするでしょうか。子どもをただ砂場に連れて行けば放っておいても、自動的に遊び始めるわけではありません。砂場遊びも、幼稚園の文化なのです。たまたま、砂場経験がないと思われる3歳児が5月頃に砂場に初めて入った様子を観察したことがありますが、どうしてよいかわからないという様子で、砂を持ってぱらぱらぱらっとやっていました。そこにはスコップだのバケツだの、多少の道具があります。だんだんまわりの子がやっているのを見ていて、穴を掘り始めました。

穴を掘ることと山ができることとはセットになります。穴を掘ると、その砂は隣に移るので、山を作ろうと思わなくても山になるわけです。砂場というものは、基本的に穴を掘って山を作る以外は、できないのです。これに水が入ってくると、穴に入れれば池みたいになります。砂というのは水分の状態で変わります。基本的には乾いた砂と湿った砂があって、砂の白っぽいところは乾いていて、黒っぽいところは湿っています。湿った方は団子みたいに固まります。そうすると、穴掘り系統の遊びとともに、お団子に代表されるものができます。ケースに入れてひっくり返すとプリンやケーキができます。成形型とでも言えるでしょう。

「穴 - 山／土木型」と「ダンゴ／成形型」は性質が違うし、実際子どもが遊んでいる様子からしても、別な遊びとして成り立ちます。さらに通常よく出てくるのは、トンネルです。ある程度穴を深く掘ると、通常表面は乾いていても中は湿って固まった状態で崩れないので、誰かが思いついて横に穴を掘り、向こう側につながればトンネルです。ダンゴ型はごっこ遊びを展開しているのが普通で、たとえば庭でとってきた木の実とか葉っぱとか花びらなどで飾ってバースデーケーキにするといった遊びがよく見られます。女の子がやるか男の子がやるかで性別分化も起こりやすいのですが。砂場遊びはここから先にもさらに展開し得るわけで、たとえばかなり深い砂場でスコップも大きめのものを使うと、子どもが入れるぐらい深く掘れます。そういうことが可能なところだと、5歳くらいになればかなり深く掘ります。私は土木作業型と、勝手にあだ名を付けています。

こういうことが子どもにとっての砂場の意味であろうと思います。砂場は、「もの」であり「場」です。砂というものがもっている「場」があって、そこに水が加わり、多少の道具があって、いくつかの行為可能性が生まれるわけです。それを子どもは取り出していくのだというのが、私の基本的な考え方です。

こういうふうに分析してみると、砂場という教材が適している時期は3歳、4歳ぐらいです。3歳児から保育を開始して、年長の5歳になってくると、かなり砂場に飽きるようです。大規模な土木工事風のことができる場合には5歳でもおもしろがるところはありますが、そうでないと手応えがなくなっていくということです。小学生でも砂場で遊ばなくもありませんが、どちらかというと「昔やったよね」といった懐かしい感じでやっています。小学生にとっては、砂場というのはそれほど優れた教材ではないと思います。結局遊びとしてはこの辺で止まっているという感じで、砂場のもっている可能性はだいたいこのあたりだろうと思うのです。心理療法で使用される箱庭は大人が癒やしとしても使うわけですから、また意味が違ってきます。ちなみに箱庭の砂場は細かい起伏を作る必要があり、砂場にある砂とは少し違って、わりと細かいサラサラした粉雪みたいな感触のもので、さわると気持ちがよいものです。

以上の分析で何をしたのでしょうか。一つはここでボトムアップと呼んでいるように、実際に子どもが砂場という教材に関わって何をしているかということを観察して、その反応のバリエーションを見ました。二番目は、その反応のバリエーションをある程度年齢に沿いながら整理しました。3歳から5歳にかけてそれはどういうふうに展開していくか、小学校低学年でも生活科の授業等で砂場を取り入れることがあるのですが、それなども含めて展開を見ていきました。ですから、子どもの反応を見、それを年齢ごとの発達の流れとして再構成し、それをもとに教材としての可能性を検討したのです[*]。

小学校の図工の授業の例

次に紹介するのは、コラージュと呼ばれる小学校の図工の授業です。私が見た授業では、教師が大きめの紙を用意して、他にいろいろな新聞の折り込み広告の紙とか包装紙とか、子どもたちが持ってきたものがたくさん積んであり、それを適宜子どもたちが切って、ペタペタと大きな紙に貼って図柄を構成するという図工の活動です。図工の教科書にもたいてい載っていると思いますし、臨床心理でも箱庭と近い、心の内面を表すものとして用いられています。比較的に心理的な負荷が低いので、子どもにも使えます。

子どもたちが何をするかですが、広告の紙には、車などの写真が載っています。一つのやり方では、これを子どもたちが適当に切り抜いて大きな紙に貼っていくのです。これは低学年の子どもでも、幼児でもできると思います。子どもによってはウルトラマンが何かと戦っている図柄だとか、あるいは女の子だときれいな飾りのように並べるとか、男児が自分の好きな車を並べるとか、そういうたぐいのものができます。それに対して、高学年でやった別な授業ではこういうものではなくて、広告紙を、あえて絵に沿わせずに適当に切るようにします。形は好きで良いのですが、ただし、車なりなんなりの絵柄に沿って切るの

*無藤隆（1996）「幼児同士の遊びの成立過程――砂場遊びの分析」『子ども社会研究』2、27–39

ではなくて、そういうものは無視して切るよう教師が指示します。そうして切った小さないろいろな形の紙片を、大きな紙の上に並べます。そうすると、これは図工の授業の言い方で言うと、構成（コンポジション）と言いますが、デザインの練習みたいな活動になります。

たとえば派手な車の広告写真に沿って切るのではなくてそれを無視して切ると、基本的に一個一個のものが意味を失った、カラフルな形の紙片となります。そこでは一個一個は単位なのだけれども意味をもたず、全体との関係の中ではじめて意味をなします。つまり、並べたときに、大きいものと小さいものとか、色合いが違うものとか、そういう対比の中でそれぞれが意味をなすようになります。部分と全体との関係です。そこにはあるバランスがあり、たとえば大小とか対称形にするとか遠近感を出すとか、いろいろなコンポジションの作り方があります。

いろいろな学年で似た授業を少しずつ試して学年の違いを見てみました。そうすると、低学年の子には、無意味な図形をうまく並べるというのは、ほとんど意味がわからないのでできず、意味がありそうな形を切ってお話風に作っていくのです。中学年ぐらいになると多少絵柄を無視できるようになってきます。ただ、全体として小学生では、こういう構成デザインをきちんとやるのは難しいようです。一つには、個々の部品である形と全体との関係をとらえるのが難しいからです。中学生ぐらいから高校生ぐらいの美術の授業で絵画の構成を分析するときには、こういう遠近法の線が入っているとか、ここに大きい部分と小さい部分が対比されているとか全体との関連の中で形をとらえていきますが、小学生はそういう抽象的分析がまだできません。

もう一つ、描画の発達という面からは、作品としてしっかり完成するようになる時期があります。幼児はだいたい適当に絵を描けばおしまいで、通常は作品としてしっかりまとめるという意識があまりありません。教師がかなり指導して描かせれば別ですが、一枚の紙の中に各部分をしっかり配置して、全体として何を描いているかということを意識して描くということはしないのです。たとえば女の子がいて、お家があって、ここにはチューリップがありますよといった、多少のストーリー性は入れることが多いと思いますが、全体がどういう場面であるかをしっかり構成することは少ないのです。

さらに、そのことと関連して、空白が多く、そこをベタに塗り込むということはまずありません。その空白には意味がないのです。遠くの景色があるといったことではなくて、ただ「ない」わけです。これが、教師の指導やまわりの影響もあるとは思いますが、小学校の図工の時間などでは、だんだん空白がないよう塗り込むようになります。

たとえば、横に線を引いて地面だとします。上を青く塗って青空と見なして、5歳ぐらいになると文化的に影響されているのでしょうが、さらに太陽を描き入れます。絵画の成立という観点から見て大事なことは、上が空で、下側は地面だということです。こういう段階になってくると、これが全体として一つの景色だという意識がはっきりしています。かつ、完全に細かく塗り込んでいるかどうかはともかくとして、子どもに聞けば、これは空でこっちは地面で、この空白は、別に時間がなかったから塗らなかったけれども地面だといった意識が出てきます。だいたい5歳から小学校1年生ぐらいになると、そういう絵を描くようになります。空白があって「面倒くさいから、じゃあ空にします」と適当に答えることがあるにしても、そういう空間意識をもっていて、かつそれを作品の世界に移しているという意識が生まれているのです。これはもちろん現在の日本の文化的な伝統の中で、そういう絵画意識が生まれているからで、おそらく西洋絵画の影響でしょう。カレンダーなど、日常生活の中にその種の名作絵画が普及しています。もっとも、伝統的な日本や中国の絵画の場合はそういう形式をもっているとは限りません。いろいろなタイプの絵がありますから、空白に意味のない絵だっていくらもあるでしょう。掛け軸の絵の「この空白の部分は何だ、白い部分を描いてないじゃないか」と文句をつけてもしかたがないのです。そういう空白の効果を活かしているわけです。だからこうなることが発達的必然だと言っているわけではありませんが、文化の中の発達というのは、時代の様相を映します。

これに対して、コラージュは逆になります。コラージュでは、空白に意味がないわけで、むしろ上手なコラージュはうまく空白を活かさなくてはいけないのですが、小学生がやっているのを見ていると、途中で「結構良い形じゃないか」と思っているうちに、また小さい紙片をベタベタ貼っていったりします。そのうちに、隙間なく貼られて最初のおもしろさが消えていくのです。

ついでながら、このあたりは、水彩画もちょっと似ています。日本の学校教育の中では伝統的に、水彩絵の具の方が油絵の具より安いこともあってよく使われますが、日本の小学校の図工の水彩画の指導は油絵のやり方を取り入れているらしく、描き方の上ではちょっと歪んでいるところがあります。水彩画と油絵は、もともと素材としての絵の具が違うというだけではなくて、描き方が異なるのです。油絵は絵の具を重ねて塗っていきますが、水彩は本来は透明感を大事にして、重ね塗りはなるべく避けます。せいぜい下の絵の具が上から塗った色から見えるぐらいにするのです。ですから水彩のできの良いのはデッサンに近く、ベタに塗り込まず、空白があって良いわけなのです。しかし水彩絵の具のある種のタイプは重ね塗り可能で、クレパスなども、もともとは重ね塗りしないものだったのを油絵の具に近い形にして、重ね塗りが可能になっています。ですから、水彩画の指導が油絵的になっている部分があるのです。油絵の描き方と水彩の描き方の使い分けは小学生にはかなり難しいということもあるでしょう。最近の図工では、水彩は独自の指導をすることが多くなっていると思います。

ともあれ、ビッシリ塗り込んだものが絵画だということが刷り込まれていきますから、コラージュといったものはわかりにくいのです。今でも、絵を見ると、「これは何を描いたの?」と尋ねる人たちがいて、「富士山」といった表題を知りたいのです。それが抽象絵画で「コンポジションA」とか書いてあると困るという人たちがいるわけです。添えてある解説を一生懸命読んで、やっと「ああ、なるほど」となるわけです。絵画というのは何かについて描いてあって、かつベタに塗り込んであるものと、素朴に理解をしているわけです。だからそういう人たちにとっては、空白の多い絵は手抜きです。お金を出して売るのならちゃんと全部描けとか、絵の具の量で絵画の値段を判断する人がいるわけですが、それはある種の古典的な絵画理解で、どうやら今の日本の幼稚園、小学校を見ていると、だいたい小学校の低学年ぐらいまでにそういう感覚が作られる感じがします。

それに対してコラージュでは、そういう感覚を壊していかなくてはなりません。一度作ったものをさらに作り直しているとも言えるので、空間を大きく使いながら空白をうまく利用して紙片を置くというようなことは、小学生ではほとんど無理だと思います。「ここが空いているから、こういう形のものをちょっと入れてみようかな」という具合に、やたらにあちこちに置いていきます。授業中の子どもを見ていると、遠くから全体を見るということをあまりしません。紙を切ってぺたっと貼ることを繰り返していく活動になっているのです。

コラージュとして大事なことは、部分と全体の関係に意味があるという発想です。だから紙の枠はあまり重要ではないわけです。今述べてきたのは平面コラージュですが、立体コラージュもあって、天井から吊したりします。七夕の笹飾りみたいですが、七夕の笹飾りは一個一個に願い事が書いてありますが、コラージュはそうではなくて、三角だの丸だののいろいろな形のものがぶら下がっていて、その一つひとつには何の意味もなく、全体としてある構成物となっているという感じです。部分間のバランス関係に意味が生まれるのです。一個一個の部分には意味がないのだということを学びます。

そういう関係をつかみ出すためには、全体を眺め直すということをしなくてはなりません。コラージュ作品というのは一個一個ここに人がいるとかチューリップがあるとか、「ここに太陽があって景色だね」という了解をするわけではないのです。中学、高校の美術指導で、たとえば遠くから絵を見るとか、目を細めるとかさせますが、それは全体が暗くなるので、ここに人がいるとか個々の部分を見るのではなくて、色と形をパターンとしてとらえ直しやすくしているのです。そうすることによって、一個一個の図形の意味ではなくて、全体の絵としてのパターンを把握しようということです。大げさにいえば、こういうとらえ方は一種の絵画思想であって、基本的には19世紀から20世紀にかけての西洋絵画の歴史の中で成立してきた所産でしょう。

コラージュのおもしろさは、切って貼るという動きの中に遊びの要素が大きいことです。子どもにとって楽しいゲームみたいなところがあります。また全体にある種の軽さがあります。部品としての一個一個の意味が消失しているので、わりと気楽にやれるわけです。いくらでも失敗できるというか、失敗という感じが起きません。

教材の意味を発達的にとらえる

今子どもの授業の様子を思い浮かべながら、教材分析を試みているわけですが、コンポジションに対する子どもの反応をボトムアップにとらえながら、それを幼児、小学校の高学年、中学生という、大きな発達の流れとして見てきたわけです。ここでの例は平面コラージュという一つの図工の活動にすぎませんが、それがもっている可能性がどこにあるのかをつかんでいただければと思います。そこから、指導のあり方と、もう一つは理論的な可能性にどう導いていくかを、これから論じたいと思います。

さてこういう分析をしながら子どもの様子を見ていくと、授業のやり方の改善点がいくつか出てきます。たとえば、コラージュでは、放っておくと子どもは全部貼ってしまうので、どこかで止めた方がよいのではないか、では、どのように止めたらよいかということがあります。「やめ」と指示するというのももちろん可能です。適当なところで休みを入れるというやり方もあるでしょう。それからもう一つは、私が実際に観た授業ではのりを使って貼っていたのですが、はがせるようにペーパーボンドを使うと便利です。大人の子どもは考えなく貼っていても、ちょっと見直すと、子どもなりに「あ、直したいな」と思うのです。大和のりで貼っているとはがせないので、「まあ、いいや」となって、汚くなっていきますが、はがせるともっとスッキリできるでしょう。細かい技術的な話ですが、大事なことです。

先ほど述べたように、子どもたちはなかなか全体像を見てくれません。だったらたとえば、授業の最後の方になったら教室の前に貼って、遠くからみんなで鑑賞してみるという時間を入れたらどうでしょうか。

いくつか、指導の手だての改善点が考えられると思うのです。最初に言った、自動車とかそういうのを無視して切りましょうというのも、もちろん指導の工夫の結果です。つまりただ子どもにまかせて適当に切りなさいと指示しても、どうしても子どもは図柄にこだわって切りますから、そうすると部品の意味というものが最後までつきまとうわけです。

小学生にとって、宣伝の紙ははさみで簡単に切れて便利です。中学生ぐらいになるともう少し凝って、布とか針金を使います。そういう異なった素材を入れ込むようなコンポジションも上手に作れるようになります。そういうふうに発展させていくこともできます。

さらにまた、私たちにとって絵画とは何だろうかということを考え直すという理論的な可能性を、授業での子どものあり方から検討できます。今、技術レベルを含めて詳しい分析をおこなっているのは、音楽教育もそうなのですが、美術教育のおもしろさを人間のもつ普遍的な知覚の可能性をベースにしてとらえたいと思うからです。（この点については、東大の佐々木正人さんたちが、アフォーダンスをベースにしたデザインについての本を書いています[＊]。）その一方で絵画は文化的な所産であり、学校の絵画指導も文化の所産です。小学校の学習指導要領の改訂のたびに、現代美術的な要素がたくさん入っています。特にデザインをかなり入れていますので、絵を細部までびっしりと埋め尽くして描くという指導は減っています。おもしろい目新しい造形活動が増えているのです。それは、美術に対する現代日本の考え方の変化を反映してもいるのです。

いろいろ実例について解説してきましたが、ボトムアップの教材分析を通して、実際の授業にとって有用な示唆が得られるのではないかと思います。

部分－全体スキーマから理論的な意義を分析する

さらに教材分析を理論的に発展させていけないか、そして従来の教科教育の指導の枠を越えることはできないだろうか、とも思います。たとえば、部分－全体関係の把握は、子どもの認知発達を研究している心理学者にとってはきわめて重要なテーマです。認知心理学では、部分－全体スキーマと呼んでいます。部分全体関係というのはたとえば算数では、10－7＝3、7＋3＝10、という関係を表します。

7	3
10	

部分－全体スキーマは小学校の授業のいろいろなところに出てきます。たとえば、別の例をあげると、理科や算数の課題に、水の溶解があります。たとえば１００ccの水があり、その中に塩を10g解かすと、全体で何gになるかという問題です。溶けた塩は見えませんが、溶媒としての水が１００cc、つまり１００gで、塩は10gだから、全体では１１０gです。つまり、ここでも部分－全体の関係が成り立っています。足し算引き算を十分理解するには、部分－全体の関係をしっかりと把握する必要があります。

＊後藤武・佐々木正人・深澤直人　２００４『デザインの生態学――新しいデザインの教科書』東京書籍

この部分－全体スキーマが一番強く出てくるのが分数です。分数というのはいくつかの意味があってややこしいのですが、基本は分母の数を全体としたときの割合を示しています。たとえば7/10というときには、10を全体としたときに、そのうちの7という意味です。小数は違います。０・７というのは実数の表現ですから、数直線上の一点で、０・７という表現の中には全体の概念がありません。分数には全体の概念が入っていて部分－全体の関係を表しています。だから分数が難しいのです。まして分数の足し算とかかけ算とかは全体－部分関係に四則演算が入るので、本来難しいわけです。小学生にとっては、抽象的に分数の計算を理解するのは無理だと思いますが、そこを、手順として処理させているのです。

算数における部分－全体スキーマと絵画におけるコラージュとは、抽象的には共通していると思います。このことを指摘したのはピアジェです。ただ、ピアジェは今述べたような教材分析はしていません。

子どもと個々の教材との関係の具体的なところに抽象的な理論的枠組みをトップダウンに持ち込むのは難しいでしょう。平面コラージュという図工の授業の中でボトムアップに考えていくと、今述べたような部分－全体という枠組みとの関連が見えてきます。コラージュの授業で具体的に子どもが部分－全体スキーマを把握できるようにすることが図工の指導となります。そのときに、心理学者が「コラージュというのは部分－全体の問題なのだから、それに注目したらよいのではないですか」と助言しても、具体的に何をしたらよいかわからないわけです。そもそも意味が理解できないかも知れません。そうではなくて、部分－全体の関係に注目させるには、部分にあまり重きを置かないようにさせた方がよいのではないか、自動車だの何だのの絵柄にこだわらないような形に切らせてはどうかといった具合に、助言を具体化します。

算数の課題は論理的にできていますが、コラージュの場合にはもっと感覚的な問題です。なんとなく置きたくなる、よい感じがする、ということを大切にします。美術の教育というのは、感性を育てているわけです。そうだとすると、のりにしても、いったん貼ったら動かせないのでは困るのです。それだと、「何かまずいな」と思っても「まあ、いいか」と思って変えません。しかし美術にとっては、「まあ、いいか」ではだめです。「まあ、いいか」という態度を子どもに作ってはいけないのです。そうではなくて、「何かやっぱりまずいな。なんだか知らないけれど、こっちがいいな」というセンスを作るのが美術なのです。そうすると、ある程度やり直せるということが大事になります。

水彩は本来重ね塗りをしないと言いました。水彩絵の具は値段が安く、水に溶かせるので道具として簡単なので子どもに使わせるのですが、実は子どもにはうまく使うのが難しいのです。なぜなら、やり直しがきかないからです。ベタっと塗って、「あ！しまった」と思っても消せないわけです。油絵だったら乾けば上に重ねていけるので、わりと修正がききます。ともかく子どもにとっては直せるということは大事で、理屈ではなく、微妙な修正をどう加えていくかということが熟達の一つのポイントです。こういう指導は、図工の授業を観ていてもあまりおこなわれていません。あるいはまた、机の上に置いてやっていると、子どもたちの視線は部分にしかいかないので、授業の最後の5分間を使って教室の前に作品を貼ってみんなで眺めたらよいだろうに、それをしなかったりします。そういう指導の実際にまで入っていきながら、しかしそこに理論的な意味があることを考えていきたいのです。

教材の決定的な重要性

こういうことを考えていく中で、私は多くの教育学者や心理学者とは意見が異なり、教材というものが教育にとって決定的に重要だと思うようになりました。ですからこの点では、教科教育のやや古めかしい考え方に近いのです。つまり、子どもは幼稚園や保育園の保育も含めて、学校教育全体の中で何を学んでいるのかということを一言で言えば、教材の行為可能性を取り出すということを学んでいるのだというのが私の考え方なのです。

もしそうだとすれば、どういう教材を子どもに提示するか、そして、その教材の行為可能性のうちの何を子どもは得られるのか、そこに教育の中核があると思います。だとすれば、どういう行為可能性にどう気づかせるかということが学校教育の中心的な課題となるわけで、したがって何を与えるかということが大事なのです。

しかしその際に、大人、つまり研究者が良い教材だと思うことと、子どもにとってそれが意味あるものになるということとは違う可能性が高いのです。理科教育の例で言えば、素粒子のモデルとかイオンのモデルとか、大学の研究者がやっているようなことを小学生や中学生や高校生にわかりやすく提示する教材が、実物モデルやコンピューターグラフィックスのたぐいなど、たくさんあります。そういうものを子どもが見れば、最初は喜ぶと思いますが、どこまで子どもにとって意味あるものになっているかということについては、子どもが実際にその教材を目の前にしてどういう活動をし得るか、ということをよく調べないとわかりません。その教材の行為可能性は、ある程度は研究室で座って考えても見いだせる部分もあるでしょうが、やはり、実際に子どもがその教材に取り組んでいる様子を見ないとよくわからないのです。のりの話とかそういったことも、授業の中で見ていないと気づかないのです。そういうところを良く見て、子どもがそこから何を汲み出し得るかということを考えていかなくてはなりません。

たとえば先ほどの砂場の話で言えば、私は最近3歳から5歳はじめぐらいの教材だと思うようになりました。もしかしたら、砂場の作り方とかそこに持ち込まれる道具によって変わるかも知れませんが。組織的に調べられているわけではないのですが、私の印象からすれば、今、3歳から幼稚園に行って3年保育という形をとるようになってきたことによって、2年保育のときとは子どもの素材、教材との関わり方が変わってきたと思います。前より砂場に早く飽きるという感じを私はもっていて、以前なら5歳の小学校入学前の子どもが結構砂場遊びをしていたのが、最近の子はもういいよといった感じがあると思うのです。そういう時代の動きによる変化もありますし、必ずしも理屈で全部決まるわけではなくて、やはり実際の様子を見ながら考えるしかないと思います。

子どもは教材の価値や可能性を自動的に全部見つけられるわけではありません。教師のどのような指導が入るかで、子どものやること、できることは変わるわけです。そこに授業の質や指導のあり方というものが影響するように思います。

授業というのはさまざまな教材の連なりであり、国語で言えば、教科書とか副読本とかのいろいろな文章があって、それに子どもがつぎつぎと取り組んで、それをどう読みとるかをつかんでいきます。そういう取り組みから、子どもはおそらく一般的な可能性というものをなにがしか得ていくのです。しかしこの辺の検討は、まだあまり手がついていません。先ほどはコラージュの授業の子どもの反応から分析しましたが、おそらくそこで子どもが気づきつつあることは、個別のコラージュを超えた、もう少し大きなことです。一気に部分‐全体スキーマにいくということではありませんが、でも何かそれに関わるところに踏み出しているし、コラージュで培われた力が、たぶん別な絵画制作なり、デザインなりというものにつながると思うのです。

よく幼児用の自転車にウルトラマンやなんかの絵がついています。あれを喜ぶのはいつ頃まででしょうか。それは子どもの洗練の度合いというか、ませ度合いによって変わるでしょうが、ああいうものを単純に喜ぶのは小学校低学年ぐらいまでで、最近の小学校の高学年の子どもなら、そういう自転車には乗らないと思います。同じ自転車でも、もっとかっこよいものに乗るわけです。デザイン的に洗練されてきているのです。デザインというのはある程度バランスの問題で、大きな模様を喜んでいる段階から全体を見るようになるといった変化があります。小学校における子どものデザイン感覚の育ち具合の抽象化をすれば、たぶんコラージュだけでなくて、服装の選択とか自転車の好みとか文房具の好みとか、いろいろなところである共通性を見ていけると思います。それは必ずしも普遍的にそういう方向があるということではなくて、大人になってもいろいろなグッズやフィギュアを集めたりする人たちがいるわけですから、特定の物へのこだわりが消えるわけではありませんが、デザイン的には全体感覚との関係の中で考えるということが、小学校の高学年くらいから出てくるということです。

保育や授業をとらえ直すことはできないでしょうか。一方に、教材を提供することで、現場に役立とうとする人たちがいます。もう一方に、教師の資質とか指導力、子どもを見る目やその場に即応して対応していく力とか、そういう教師の側のセンスみたいなものを強調する人たちがいます。そのどちらも間違っていないのですが、それを統合すべきだろうということを章の始めに述べました。その統合のやり方の一つとして、今言っているように授業での子どもの実際の反応の中から教材の可能性をとらえていくことや、また、そういうことを念頭に置きながら、さまざまな教材を教師と研究者が一緒になって子どもに提供していき、子どもが教材の可能性を探索してつかみ出す活動を教師が指導していく、そういう授業のあり方にもっていけないか、というふうに考えているわけです。できれば、そういうところに、発達心理学のさまざまな理論をつなげていくことができればよいのだが、と考えています。

第9章　実践者からの批判を受ける

これまでは研究者と実践者の建設的な関係を作ることをめぐって、いろいろなやり方を論じ、紹介してきました。この章では、それをいわば裏返しにして、その難しさについてお話したいと思います。

余計な存在としての研究者の関与

実践現場に関わろうとするとき、研究者としては何らかの意味で役立ちたいと思っているわけですが、実際問題としては、前にも述べたように、その関わりがすぐその現場の問題を改善するとか、困ったところが良くなるというわけにはいきません。研究というのは何らかの意味でデータをとったり、一般的な議論にもっていったりするわけで、つまり常に遠回りします。そのように考えると、研究というものは、実践側から見れば余計なものになるわけです。（なお、アクションリサーチというタイプの、もっと直接的に役立つ種類の方法がありますが、それですら、迂遠な要素はあります。）研究者は、しばしば現場に対してかなり一方的にデータをとるという関係をとりやすく、これは前に述べたように心理学の宿命みたいなものです。心理学は量的研究であっても質的研究であっても、とにかくデータをとろうとするわけです。たとえば、学校現場でいろいろな質問紙を配布して調査します。それは、データをとるための一種の収奪・搾取の関係ではないかという批判を受けるわけです。

そこで、そういう関係ではなくて、何らかの意味で協働する関係を作ろうと本書で提言してきているわけです。もちろん、実際にはそう簡単にうまくは機能しないものです。研究者にも現場の実践者にもいろいろな人がいますし、たとえば、研究者と一緒にやりたいと思う実践者だってもちろんいると思いますが、そう多くはないでしょう。私が現場研究を始めた頃素朴に驚いたのですが、今思えばもっともなことの一つは、協働しようとするとかえって現場から拒絶されるということもあるのです。善意であればすぐにそれが受け入れてもらえるわけではないのです。その上、たとえば、一方的に質問紙をお願いしてデータをとらせてもらうという方が、現場との関係を維持するのには具合がよいことさえあります。たとえば、「じゃあ、アンケート調査ならいいですよ」、「だけどそれ以上いろいろ観察したりとか、そういうのは勘弁してください」という返答を何度ももらいました。

また心理学者がおこなう質問紙なり理論的な調査研究については特に文句をつけないけれども、現場の実践を解明しようとする研究については実践者からの批判もかなり出てきます。それは考えてみれば当たり前で、そういう研究は実践者にも理解できるし、ある程度理解できれば「それは違うぞ」と言いたくなるでしょう。多くの心理学の研究というのはたとえば統計的分析など難しいことが書いてあるわけで、そういうのがわからないという意味での批判はあると思いますが、その中身がよくわからなければ批判もうまくできないし、「研究者が大学で勝手にやっているのだから、まあいいや」とほっといてくれるわけです。中身が理解できれば、そうもいかなくなるということなのです。

ですから私は初期の頃は、こういう一方的な関係はまずいだろう、基礎的調査も必要だからやりますが、それにしても協働できるような関係を作るべきだと思っていました。しかしなかなかうまく進みませんでした。こちらがアプローチすると、かえって拒絶される場合も出てきます。「距離を保っておつきあいするのならばいいけれども」というような感じもあります。「大学の教師は大学で何か難しいことを言っていて、関係なくてよいのだから」と、最小限の協力はしてあげるけれども、あまりこちらに首をつっこまないでくれということなのでしょう。それはそれで平和でよいと言えばそうかも知れません。しかし、もちろん問題があり、それは縷々《るる》説明してきた通りです。

現場との関係を作り出す

大学側からいうと、そういう事情では教育学部というのは成り立ちません。教育学部の役割は、簡単にいえば二つあります。一つは教育をよくすることですが、もう一つは教員の養成をすることです。教員養成の方は、学生に、文部科学省の規定通りのことを教えていれば一応成り立ちます。しかし、教育の改善となると別な話で、実際に有効かどうかということが問われます。これについて日本の教育学部の評価は、全体としてあまり芳しくありませんでした。これでは教育研究者の存在価値が危ういわけです。教育学者が世の中から消えても誰も困らないという見方もあるでしょうが、研究側としてはそういうことになってほしくありません。

では現場の方は研究者がいなくても本当に困らないかというと、必ずしもそうではありません。日々の決まり切ったことをやっているときは研究者は不要ですが、世の中が大きく動く中で現場を変えざるを得ないときには、そうは言っていられないのです。国の教育課程の制定のレベルでもそうですし、現場の日々の実践でもそうですが、いろいろなことについて改革を迫られています。その上、現場といえどもずっと安定して存在しているわけではなく、現場の教員自体が入れ替わっていくということにどう対処するかという、もう一つの大きな問題があります。これは現在、事態は深刻化しつつあり、首都圏の多くの、特に小学校で新任や若い教員の比率がどんどん上がってきていて、小学校によっては半数ぐらいが新任か経験2～3年の人たちになりつつあります。そういう状況が広がってくると、多くの小学校の授業のレベルが相当に下がらざるを得ないわけです。教師の年齢構成一つとっても、今日本の学校教育はかなり根本のところで揺らぎ始めていますが、それに対してどうするかは、当然現場だけでは対処できず、教育研究者が関与して考えていく必要があると思います。いろいろな意味で、現場もまた研究者の関わりや研究の成果に期待しているわけです。

さらに実践のあり方を分析してみても、さまざまな研究に由来する概念が影響している面のあることがわかります。内発的な動機づけの影響なども、研究者が作り出した概念が実践を方向付けたり正当化したりする上で働いた例と言えるでしょう。研究レベルでは、今では内発的動機づけは全面的に正当であるとされているわけではありませんが、しかし実践では、比較的単純に理解されて理論的基礎づけとなっている場合も多いわけです。そしてその単純化がいろいろな意味で、教育における問題を生み出していると私は思うのですが、そういうことを考えても、研究と現場の関連をもう少ししっかり作っていった方がよいわけです。

けれども、実際に協力関係を作ろうと思うと、なかなかうまくいかないのです。一つは、現場はどこも常に忙しくて、かつルーティンで動いています。その中に研究をどう入れていくかは難しい問題です。現実の幼児教育を含めた学校教育における研究者のあり方について、もっときちんとした調査研究をしたらよいと思うのですが、それをしていないのは研究者の怠慢でもあります。日本の教育系の研究者が、以前はフィールドワークに慣れていなかったという問題もあったでしょう。現在の学校の課題への研究アプローチが、よくわからなかったのではないかと思います。心理学者は現場での研究にはほとんど手をつけないか、あるいはそのための枠組みをもっていなかったわけです。教育学研究者もあまり手を出せませんでした。教育社会学者は多少手をつけていましたが、多くは視点がマクロで、今取り上げているようなことにはあまりアプローチしなかったと思います。

現場での研究と研修のあり方

教師は確かに忙しく、ルーティンをこなすのに精一杯です。その中にどうやって研究活動を入れていくかですが、研究とまでいかなくても、研修というのがあります。どういう形で進められるかというと、通常は義務研修という教育委員会が決めておこなうものと、自主研修という自分でやるものがあります。いろいろな研究会（勉強会）があって、教育学部の実践に関わってがんばる大学教員はたいてい研究会を主宰しているので、そういうところに参加するわけです。

こういう活動がどう教師の専門性を作り出しているかという分析が求められるわけですが、現場教師がどの程度研究会に参加しているかの実態さえ、あまり判然としません。普通の小学校の教師は授業や会議等の校務分担の仕事をしているだけなのか、それ以外に勉強のための本を読んだりするのか、それから自主的な研究会に参加するのかというような調査はあまりありません。文部科学省などが残業の調査はしていますが、それだけではなく、研究・研修活動の調査もしてほしいものです。

現場での研究は、いくつかのタイプに分かれます。中心は指定校という制度で、普通は文部科学省や県教育委員会、市町村教育委員会の指定によって、あるいは国立附属などは自主的に自分のテーマを決めておこなう、学校としての研究です。そういう研究では、多くの場合は自分の授業実践について改善するという形をとります。たとえば、算数を教えていて、分数のかけ算のやり方の指導が難しいので、こういうふうに工夫したという報告をし、それに考察を加えていくというものです。これは教師の日頃の仕事をいわば精緻化するもので、教師にとってわかりやすいわけです。自分で研究しようとする教師たちの研究スタイルというのは、基本的にはこういう形をとります。

その研究報告の多くは、仮説あるいは主題を前に置き、その後に考察が入るという形をとります。仮説はたとえば、少人数の学級で一人ひとりが発言できるような機会を作ることによって、算数の学力が上がるのではないかと、いったものになります。実際には、好みが具体的な方に行くのと、理想的な方に行くのに分かれるようです。一つのタイプは、個別的に特定の教材に即して、こういう発問をするとよいのではないかという具体的な形をとります。もう一つは、理念的になり、学級の子どもを10人ぐらいにして、そこで反復学習をやれば学力が上がるのではないかとか、少人数学級の子ども一人ひとりの主体的な参加を通して学力を向上させるとかと書くことになるでしょう。考察のところにはたとえば内発的動機づけとか自尊感情とか学びの共同体の理念など、いろいろなものをもってきたりするわけです。しかし仮説と考察の部分はいわば付け足しで、その授業で何を発問したか、教材は何を使ったかを見て、他の教師がまねをするということが多いようです。

これは実践的な研究の典型的なあり方ですが、必ずしも実践者にとってそれが悪いわけではありません。実践者にとっては余計な理屈よりは、要するにここでどうしたらよいかという細部が重要なのです。それはちょうど、ペンを工場で作っている人たちが、どうもここで液が漏れるので、改善しなくてはならないというときに、何か理論があって説明してくれれば便利ですが、そういうのがなくてもいろいろ試行錯誤しているうちに適切な解決法に至るわけです。現場の実践というのはそういうものですから、そういう工夫を現場の教室でやっているだけではなくて、それを文章化して流通させていくということは、現場の教師にとっては基本的な作業です。だからこれはこれでよいと思うのです。

では、研究者はそこにどう関与できるかですが、現場から来ている研究者であれば具体的に指導できます。そうではない人たちにはよくわからないかも知れません。実際に理屈によって具体的なやり方が動いていくということも確かにあるわけなので、その部分をうまく実践者に理解してもらう必要があります。前章でボトムアップの教材分析について述べましたが、そういう考え方も、基本的には理屈の部分と実践の部分の橋渡しをどうやるかという工夫の問題なのです。

子どもの学びを見直すために教室に入る

そうすると研究としては、現場の忙しさ、ルーティン、研修、研究会、指定校、自主研究等々をある程度全体として把握しながら進めることが必要になります。授業や教室というもののあり方を検討することも必要になってきます。私はこの分野での優れた成果の一つは東大教育学部の恒吉僚子さんの研究[*]だと思いますが、アメリカと日本の授業のあり方の比較をしています。あるいは、先ほど来紹介している、子どもの側からの理解とか学びという視点からの研究があります。子どもが授業の中で何をしているのか、何を学んでいるのか、あるいは学んでいないのか、ということを観察し検討していきます。

こういうことを試みようとするときに、私の経験の中で印象的なことが二つあります。一つは、附属小学校で、授業観察を組織的にやろうと考えて、今奈良女子大学にいる本山方子さんとともに始めたことなのですが、とりあえずビデオに撮ろうということになりました。最初はとにかく小学校の2年生（一学年に3クラスありました）を撮ろうということにしました。曜日を決めて、毎週一時間目から四時間目の4時間を観察しました。次の年度からは三時間目と四時間目の2時間に変えましたが。それを5月連休明けぐらいから数年間継続しました。大学の授業を兼ねていたので、それが休みのときとか、附属側がたとえば入試などで忙しい時期は休みました。年間だと20週かもうちょっと多いと思うのですが、ビデオを撮ったのです。

附属小学校からは、ビデオを撮るのはよいけれども、何のために撮るのか、研究の狙いは何なのか、仮説は何かと聞かれました。それからずっと継続して撮ると言うけれども、どうしてそんなに何回も撮らなくてはいけないのか、この単元だけとか、そういうふうにしたらよいだろうとも指摘を受けました。それから一定曜日の午前中の時間としたのは大学の授業の都合で決めたのですが、それはおかしいのではないか、算数なら算数の単元をまとめて撮るのがよいのではないだろうかと、もっともな指摘がありました。確かにその午前の時間にどの教科が入るかは、前年度末の交渉の時点ではまだわからないわけです。音楽かもしれないし体育かもしれないし国語かもしれません。私の方は、授業に興味があり、ある意味でどの教科でもよいと返答をすると、あきれられるわけです。本当に何でもよいと思っていたわけですけれども。

どうしてそういうズレが生じるかというと、一つは、教科教育の中の特定の単元について、たとえば算数の分数の割り算の教え方の工夫を試してみたいというたぐいの研究はわかるわけです。これは昔からおこなわれていて、附属の教師たちもしょっちゅうそういうことを試しています。そのときにビデオを撮って子どもが理解できているかをとらえたいというのなら、教師として理解しやすいでしょう。のりがよいか悪いかみたいなことを見たいのはよいわけです。しかし、何でもよいから授業を見たいというのはわかりにくいわけです。その上、仮説は何かと問われて、現場を知るために、仮説をもたずに見るんですと説明すると、小学校の教員は悪意ではなくて、本当にわからない顔をするわけです。「それは研究としてまずいんじゃないですか」「そういうものは研究にならないから」とか指摘するので、こちらが研究になる

＊Tsuneyoshi, R.（2001）*The Japanese model of schooling : Comparisons with the United States.* Falmer Press.

よう考えているのだからとことばを加えるわけです。さすがに大学附属ですので、結局引き受けてくれ、この子たちを小4になるまで追いかけました。

そのときに痛切に感じたのは、協働とは言っても、研究者のこういう関わり方は侵入的なのです。特にビデオを撮るなど記録をとりますので、評価されているようだとか、どう見られているかわからないから教師によっては辛いという苦情が、少なくとも十年以前にはありました。ただ一方的にビデオを撮るだけではよくないと思うので、その週に行った観察を翌週にメモにして渡すということを観察の参加者全員がやるようにしていました。学生ですから感想程度ですが、授業でこういうことがあったとか、子どもはこういうことをしていたという手書きのメモに簡単な感想をつけたものを渡すということです。ビデオを分析して研究成果にまとめるには時間がかかりますが、それ以前のフィードバックです。そういうことを一年間繰り返していくと、「そんなに悪意をもって見ているわけではないな」というふうに担任の教師がわかってきて、そういう形で一度経験すると慣れて、そう悪いことを言うわけではないとか、論文にしても良くない部分については世間に公表することはできる限り避け、良いところを出していきますので、「これならいいか」というようなことで理解してもらえるようになります。その後は、ビデオに撮られることについてはほとんど抵抗なく引き受けてくれるように変わったと思います。

幼稚園や保育所や小学校などで「ビデオを撮らせてください」と依頼するときに、個人情報保護の問題があり、保護者の許可を得なくてはいけませんが、そういうこととは別に、担任の教師の抵抗感も強いのです。保護者の側も難しい状況の子どもについては、ビデオに撮るということへの不安や反発はかなり強く敏感です。

もう一つは、十年ぐらい前のことですが、ある公立の小学校の1年生の授業観察をしたことがあります。1年生の学校への適応過程を知りたいので、一度4月の初めの時点を知りたいと思ったのです。これがなかなか調査が難しく、4月は子どもが落ち着かないからと断られることが多いのです。もっともではありますす。けれども、小学校の1年生の学級への適応というのは4月が一番重要です。なんとかそこを分析したいと思いました。そこで、知り合いのいるある小学校に前年度から交渉したのです。1年生の4月からなので、どうしても前年度から交渉しなくてはならないわけですが、通常、小学校の担任は3月の末に決まります。3月中旬だと実は人事が決まっている場合も多いのですが、まだ公表してはいけないことになっているのです。校長が替わることもあったりするのでなかなか交渉が難しく、私も何カ所かに断られたのですが、知り合いがいるその学校がなんとか引き受けてくれたわけです。1年生は1組と2組の二クラスあったのですが、その頃は、こちらも多少やり方が慣れてきていたので、研究を担当する院生が毎週行って記録をとるようにしました。それから翌週には、さっきも述べたように必ずフィードバックをすることにしました。毎週ではないにしても担任の教師と話し合う中で、できる限り現場の実践に役立つ情報を伝えるようにしたのです。そうやって、入学式が終わって子どもたちが各クラスに入っていくところからビデオに撮り始めて、最初の一週間は毎日のように撮り、どういう指導をするかを見てみました。

たぶん1年生の担任の教師にとっては当たり前のことばかりだと思うのですが、なかなかおもしろかったのです。たとえば、指導が細かくて、手をあげるときはこういうふうにまっすぐにとか、指名されたら立ち上がるときに椅子を引きなさい、座ったら椅子を戻しますとか、手は机の上にになどなど、一つひとつ指導してすごく細かいルールを覚えさせていくわけです。4月の時点で教えられるルールは数百あるとも言います。

二クラスあったうち、一つのクラスの担任の教師とは何度もやりとりしながら一年間近くですが、わりとうまくいきました。喜んでくれて、やってよかった、という感じで終わることができました。しかし、もう一つのクラスはまったくうまくいきませんでした。というのもその教師は、最初から拒否的だったのです。高学年から回ってきて1年生は初めての担任だったので、不安も強かったと思うのですが、指導もうまくいかないようでした。観察していても、どうもクラスがうまく動いていません。また、その教師は観察者がいろいろとメモを持っていってもいらないと言いました。お会いしてお話したいと言っても、「私は話すことはない」と拒みます。「フィードバックもいらない」と言います。授業のビデオをダビングして渡しましょうかと言ったら、それもいらない、見ない、ということだったのです。観察されたくなかったのでしょうが、校長と教頭に是非やりなさいと言われて、しょうがない、ということで引き受けたようなので、申し訳なく思いました。

要するにその教師から見れば、ビデオに撮られるというのは侵入的だったわけです。ビデオに撮るとかメモをとってたぶんそれが教頭や校長にいくのだろうと思えば、監視されているようなものですから、そういう不安があったように思います（実際にはそういうことはしていません）。ですから、研究者というものがかなり侵入的であると受け取られるのは確かなのです。

研究者と協働する現場の姿勢の変化

ただ、この十年で、ずいぶんビデオ観察などはやりやすくなりました。一方で個人情報保護の上でやりにくくなった面もありますが、現場の教師自身の意識は変わったように思います。今は教師たち自身がビデオを使うのが当たり前になってきたので、ビデオに対してあまり警戒心をもたなくなっています。子どもにとってもビデオはめずらしくないのです。私たちが始めた頃は、ビデオカメラを入れると子どもたちは興奮してカメラの前でおどけたりしたものですが、そういうことは非常に減りました。学校内での授業研究会等でも、わりと気楽にビデオを撮って、あとでみんなで見直すということをやるようになりました。

しかし、そうではあっても、研究者という存在が見るという行為が侵入的であるということは変わらないわけです。だんだんと侵入されることに許容的になってきたということは確かなのですが、こういう事態を最初の理念である「協働する」ということにどうもっていくかが問われるわけです。

そのときに、現場の側から「一緒にやろう」、研究者を招いていろいろと意見をもらおうという機運が必要です。研究指定校になると多少理屈がいるので、自分たちの授業実践の改善の飾りというか、大学の有名研究者を呼んで権威づけをしたいということもあるでしょう。しかし飾りがもう少し実質的に機能しないとしょうがないでしょう。そうなって初めて協働関係が生まれるわけですから、そこをどうしたらよいのかが問題です。

しだいに、研究者のあり方や研究行為や論文に対する真剣な批判が生まれてくるようになりました。実践の人々が、自分たちの授業を改善する上で心理学や教育学の研究者の知見を役立たせようと一所懸命に本を読んだり、学者の講演や講義を聴いたりして取り入れるようになってきているのです。そういう人たちは、やはり批判もしてくるわけです。鋭い厳しい批判というのは、むしろそういうふうに現場で研究する人たちからくるように思います。研究者の意見は高みからのものではないか、現場をわかっていないのではないかというたぐいの批判が多いと思います。前にドロドロ派とスッキリ派という言い方をしましたが、つまりスッキリとは高みの見物みたいなものです。心理学の理論の解説はしても、ちっとも現場の実践まで降りてこないではないかという批判が出てくるわけです。

また現場の事情がわかっていないという批判も出るでしょう。現場は非常に忙しい。そういう中で、一時間の授業研究会をすることすら大変なのだとか、ビデオに撮って分析される、研究される側になってみたらどうだというようなことが言われます。あるいは多忙の中でどうやって研究時間を生み出すかとか、学習指導要領その他いろいろな規制がある現場というものをわかっていないというたぐいの批判です。あるいはまた、今現場で悩んでいる問題があってそれを解決してほしいのに、全然違うことを現場に求められても困るし、違うことを研究されたってしょうがないのだというような批判です。これは現在でもしょっちゅうぶつかるものです。研究者が現場に招かれて講演をしたり授業へのコメントをしたり、あるいは何かの調査をしてその結果を返すときには、最初のうちは現場の教師も礼儀正しいので、勉強になりますとか言うでしょう。それは嘘ではないのですが、でも100パーセント本当のことを言っているわけでもないのです。だんだん親しくなると、「いろいろと教えてくれてまあよいけれども、もうちょっと現場に降りてこられないのか」というたぐいの感想がたくさん出てくるわけです。そのことにどう応えていくかということが、教育研究者にとって重要だと思います。

現場の事情にどこまで即するべきか

では、抽象的な理論と日々の実際の現場で悩んでいることとの間のつながりをどうつけていったらよいでしょうか。一つには、研究者は現場のさまざまな事情をもっと知らなくてはいけないわけですが、それに加えてもう一つ大事なことがあります。すなわち、そういった実践現場からの批判がすべて正しいかというと、そうではないということです。実践というのは常に今、目の前の問題に対する解決を迫られています。それが実践というもののもっている特徴なのです。「今、うちのクラスにこういう子がいて困っているが、どうするか」といったたぐいのことです。あるいは「今、分数の指導がどうもうまくいかない。どういうふうに分数のかけ算割り算を導入して良いかわからない」というようなたぐいのことが現場の問題なのです。それに対する解決を求めているわけです。

さらに現場の問題は、こういう目前のことのほかに、さまざまに潜在している問題もあります。たとえば、今通常学級における軽度の発達障害への対応が問題になっています。国としても対応を進めていますが、学校現場に行くとそういう話がよく出てきます。「アスペルガーの子がいるのだけれどもどうしよう」とか、「ADHDの子どもがいるのですが」とか、そういうたぐいの質問がくるのです。こういう問題は十年前には出てきませんでした。当時すでに研究者はアスペルガーについてもADHD（注意欠陥多動性障害）についても知っていましたが、まだそういうことばは現場ではほとんど使われていないかったのです。使用されるようになったのはせいぜい２０００年前後からです。大分前のことですが、いわゆる教育相談研修である小学校に呼ばれて、それぞれのクラスの何人かの子どもたちの事例を取り上げながら話し合う会の講師を勤めたことがあります。そのときにＡＤＨＤに触れましたら、ある教師が「ＡＤＨＤって何ですか、どういうふうに書くのですか」と質問が出ました。その後数年たつと、日本語の本だけでもＡＤＨＤについて何十冊と刊行されるようになり、教育雑誌でもしょっちゅう特集しています。あっという間に広まったのです。明らかにＡＤＨＤの子が突然増えたわけではなく、前からいたと思いますが、そういう存在についての研究がこの30年ぐらいでずいぶん進んだのです。そういう問題があることは以前から専門家にはわかっていたわけですが、十数年前にそういうことを言っても、学校現場の教師たちは、そういう子はうちのクラスにはいないとか、そういう子どもの存在を認識していても、個別の子どもを取り上げて指導することには問題があるので、クラスとして指導したい、どの子どもも同じように受け止めたいという反応が多かったのです。どの子どもも伸びる力をもっているので同じだと思いますと述べる人もいました。

しかし、この十年で話が逆転しました。ある種の障害においてはその発達のしかたや情報の受け止め方に特別な偏りがあるわけで、それを考慮しないと指導できないのです。特別支援教育が法的に整備されてきて、軽度発達障害と認められる場合には個別の教育計画を作らなくてはいけないという義務が課せられるようになりました。その子にあった教育方法を考えなければいけないわけです。そうすると、今の現場の教師にとって目の前にある問題は、ＡＤＨＤの子についてどう指導したらよいかということになるわけです。

こういうことはしばしば起こります。たとえば別な学校にいくと、今、目の前にある問題は算数の学力アップだという意見が出てきます。そういうところで総合的な学習の話をすると、それは関係ないから算数の話にしてくれと言うのです。それからまた別の学校に行くと、「いや、うちは研究課題が国語なんだから」となるわけです。今目の前にある問題としてそれはそれでよいのですが、だからといって他の問題が消えているわけではないわけです。このように、現場の問題というのは時代の中で動くし、現場の実践者がその問題に必ずしも常に自覚的に取り組んでいるというわけではないのです。

研究者は、少なくとも長い目で見ているので、たとえばＡＤＨＤの子とかアスペルガーの子への対応は、30年、40年かけて研究成果や一部の実践者のノウハウを蓄積して今に至っているわけです。基礎的な脳の研究その他も出てきています。もちろん、簡単に答えが見つかるような問題ではないので、少なくともあと20年ぐらいかけないと確かな答えは出ないでしょう。

研究者と実践者の視点の違いと組み合わせ

研究は、ある程度理論的にしっかり考えながら長い時間かけて進まざるを得ません。しかし同時に、実際の日々の実践との関係を作っていく必要もあります。ただ、現場と協働するにしても、どうしても研究者のもつ時間の幅と実践者がもつ時間の幅が違うわけです。そこらへんをどう折り合いをつけながら、両方の視点が組み合わさることの良さを作っていくかということが問題です。

実践者の視点が狭いのは当たり前です。たとえば特定の子どもの指導に困っているとして、研究者の場合はそういう問題はもっと大きなことがらの一部であって、「では三年ぐらい研究させてもらって」と言いたいでしょうが、担任教師にとっては自分のクラスに責任がありますから、この一年間が肝心なことで、それを過ぎれば担任期間が終わってしまいます。三年たったら卒業していたりします。そして、この一年を放っておいたらとんでもないことになってしまうかも知れません。実践というのは後戻りできないので、やり方がわかったから三年前に戻りましょうというわけにはいかないのです。とりあえず、少しでも今できることをしなくてはなりません。実践にはそういう緊急性があるわけです。研究者はそういうことはないので、しっかり理解できることを目指します。

研究と実践とは、その間でなんとか二つの視点を重ねるということをやっていかざるを得ないわけです。実践的な視点と研究的視点というものがいろいろな意味で食い違う中で、その両方を捨てることなく、また片方に寄るのではなく、なんとか二つの視点の重なり、対話関係としての協働の関係を作り出さなければならないのです。違う立場なのだけれども、つながりをつけていくのです。

その一つの形として、現場の代弁者としての研究者の働きがあり得ると思います。「現場というのはこうなっている」ということを社会に向けて解説したり、「そういう実践についてはなんとか小学校でこういうことをやっています」と伝えていくという働きです。これはジャーナリズム的です。教育におけるジャーナリズムの働きを新聞や雑誌の記者が担うのは当然ですが、大学の研究者にもそういう働きをする人がいてよいわけです。ただ、そこにはかなり限界もあります。たとえば私などもある程度こういう働きもします。「こういう実践についてはどこがいいですか」とか、「どの学校がいいですか」とか、「どういうやり方が今現場にはあるのですか」などとよく尋ねられたりします。あそこの学校に行くとよいのではないかとか、あそこの学校ではこういうやり方でやっているとか、答えられるときには答えます。もっと細かく「この教材についての教え方としてはこういう発問があるけれども、それ以外にどういう発問があるでしょうか」と聞かれたとして、詳しくはわからないまでも、「たとえばこういうのはどうか」くらいなら言えそうです。そういうことは、いろいろな学校現場を歩いていればわかるわけです。

現場の場数を踏んでいろいろなやり方があることを理解するのは必要なことなのですが、しかし、それで終わってしまったなら研究者としてはまずいのではないかと思います。「研究者としては」というのが大事なことで、ジャーナリズムとしての仕事は重要なので、さまざまな現場でこういうことをやっているということをわかっている人がいて、伝えていくことは必要です。当たり前ながら、他の現場に行くことはめったにないので、案外現場の教師は他の現場を知らないのです。よほど勉強している人は別として、他の方法をいろいろ知って、自分のやり方を組み立てているわけではありません。自分の現場で日々苦闘していると、自分の現場のやり方がなんとなく当然だと思ったり、あるいは自分が教わったやり方、まねしてきた方法でずっといくわけです。20年小中学校の教師をしているとして、勤務校の数としたら四つ五つぐらいですから、そのぐらいの数のところでやっていることを受け継いでいるわけです。もっと狭い世界で生きている人たちもいます。私学にはずっと一つの学校で教えている教師が多いし、国立附属にも多少います。その良さもありますが、問題点もあって、いろいろな学校でさまざまにやり方は違うのに、それに気づかないということです。ですから、そういうことを補う意味で、いろいろな場でさまざまなやり方があるということを伝える役目の人が必要なのです。それはある程度は、教育学部の研究者の役割であると思います。

しかし、それだけだと、何か問題が与えられたときに、「それについてはなんとか小学校ではこういうやり方をとっている」とか「なんとか先生はこうやっている」というレベルの答えを返すだけで、研究者の視点がありません。こういう情報も役立ちますが、理論的一般的な視点がないわけです。いろいろな実践を全体として見渡す視点というものが、原理的に入らないのです。「そんなものはいらない」という極端な立場もあるとは思いますが、現場側と研究側が違う視点をもちながらかみ合うべきだとするなら、それはまずいのではないかと思います。

現場への批判も含めて

現場の代弁者であるとともに現場への批判という視点も入れながら、研究をしていく必要があります。研究者はしばしば高みにいるとか、現場の苦労をわかっていないと言われ、「大学の教師はいいよね、研究室で本を読んでいればいいんだから」と揶揄《やゆ》されます。現場を志向する研究者にはあまりそういう姿はないでしょうが、しかしそういうイメージをもたれていることは事実でしょう。学者として現場に向けて、こういうことをやるべきではないか、たとえば実質的な勉強会をやって、学校の中の関係を変えていってはどうかと提言したとします。そうすると、現場からすぐ出てくる反応は、あるいは礼儀正しい多くの教師が内心で思っている反応は、「現場は忙しいから、そんなことはできないよ」ということです。そういうときに、「いやあ、それは大変ですね」と一応答えますけれども、私などは内心そうは思わないのです。大学教師の方が忙しいよと言いたいわけですが、口には出しません。忙しさで競ってもしょうがないのです。

確かに、半数ぐらいの小学校の教師が忙しすぎることは事実です。特に事務側の人員の削減があって教員の事務仕事の負担が増え、忙しくなっています。大学教員も同じで、忙しくなっているのはよいことではありません。しかし教師は教育の専門家です。私の感覚から言えば、専門家というのは9時から5時の仕事ではないだろうと思うわけです。そういうことを言うと、一部の人たちは厳しく批判するでしょう。しかし、土日の勤務時間外を含めて、研修会などに来て勉強するのは当たり前だろうと思うわけです。そういうふうに現場側を批判する必要はあると思うのです。

私たちは土、日に勉強会をやったりしますが、そういうときに、ちゃんと来る現場の教師たちが結構います。学校から出張費が出る人もいると思いますが、多くは休暇をとって、自費で来るわけです。それを考えてみると、現場は忙しいし、給料もそう高くはありませんし、研究費もほとんどないわけですが、それでも勉強する人は勉強しているわけです。現場が忙しいことは事実だけれども、だから勉強しないでよいとか、研究しなくてよいということにはちっともならないではないかと思うのです。研究者も現場の実践者もお互い様で、どちらもそれぞれの現場で忙しいのです。

ついでながら、学生を含めて研究側が、現場への尊重心をもつことは大切です。学生を幼稚園や小学校に連れて行って感想を書かせると、なかにはかなり手厳しい批判を書く人もいます。たとえば、教師が一方的に話しすぎているのではないかとか、子どもがいろいろ考えているところを無視しているのではないか等々。しかしもっともな批判ではあっても、それは現場の事情の中で展開されていることであり、そこが良く見えて批判すべきことがらを位置づけていないと、生きた批判になりません。現場での実践が10

0パーセントうまくいくということはあり得ないし、理論的にもスッキリとするわけではありません。いろいろな配慮の中でやらざるを得ないことがたくさんある中での工夫です。今の与えられた枠の中でやっているわけですから、批判されても現場としてはどうしようもないことがたくさんあるわけです。そういった現場を囲む制約を理解した上での批判でなくてはいけないのです。その辺はよく考えてほしいのです。私も、批判したとしても、できる限り建設的でありたいと思っています。批判していけないことはないのですが、同時に、現場として今できることはないかということを探します。そういう批判でなければ意味がないわけです。

相互的関係を作り出す

要するに、現場側と研究側の批判の受け合いにおいても相互性があるわけです。現場を批判すれば現場からも批判されます。研究から提言されれば、実践からも提言されるものであって、問われているのは、その両方の関係がうまく機能するかどうかということです。協働という関係にもっていくということは、つまりは批判をどうやってプラスの方向に転換していくかということですし、批判というものはネガティブに受け止めれば悪口になりますが、それをどうやって互いを良くする建設的なものにしていけるのか、そういう互いへの配慮、あるいは一緒にどう組み立てていけるかを考えることが必要になってくるのです。私は今でも時に批判を受けます。「わかっていない」と言われるのは、ある程度正しいのです。わかっていてあえて言わないこともあるけれども、現場に始終いるわけではありませんし、現場も動いていきます。

また、授業について講演やコメントをして、話がよくわからないと不満が出ることがあります。それもことばが足りないことが多いのですが、同時に、現場に向けて違う視点を入れていき、実践者の視点をあえて広げていこうとしているからであることもあります。実践現場で考えていることとこちらの提案したいことのズレをどう解決していくかは、難しい、大事な課題であると思います。与えて受けるという関係を、どう協働性に変えるかというあたりが要になると考えています。

第10章　研究者と実践者とのつきあい

これまでの議論の実例という意味で、私の関わっている具体的な研究会の例を取り上げてみたいと思います。

現場の教師への研修

何度も触れてきましたが、現場の教師は、いろいろな研修を受ける機会があります。研修活動というのは通常は教育委員会等が主催しています。市や区の教育委員会主催の研修会があり、都道府県の主催する研修会があり、さらに文部科学省の主催するものもあります。その中には義務研修と称して、必ず行かなくてはいけないものと、教師たちが適宜希望して選択し、自分の学びたいテーマで学ぶ場合とがあります。また、校内における研修会もあります。学校に講師を呼んで話を聞く場合もあるし、校内の授業をいわゆる研究授業として、学校内の教師と多くの場合講師を呼んでコメントしてもらうという形をとるわけです。

これについては指定校制度というものがあることもすでに触れました。市町村なり都道府県なり国なりその他が多少の資金的援助をして適当な研究テーマを学校現場に出し、実践にもとづく研究成果を出してもらうものです。

これとは違うタイプの研修もあり、その一つは、さまざまなタイプの長期研修制度です。このバリエーションの中に、大学院の修士課程に入学するものがあります。この制度は都道府県によって多様です。また、近年予算が削減される中で縮小気味です。その中に一年間の研修というのがあります。これは通常は県の教育センターに行って、そこの研究員という形で指導を受け勉強することが多いようです。一部の県ではもっと短い期間としています。経費は被研修者がある程度滞在費を負担するということもなくはありませんが、それより問題は必ず代わりの教員が必要になるので、一人一年間抜ける分の人件費が発生するわけです。一人出すのに何百万円かかかるわけで、コストとして高いのです。大学院での研修には二つのタイプがあり、二年間まるまるというのと、一年間プラス現場での仕事をしつつ論文を書くもう一年間という組み合わせのものがあります。この間給与が全額出ているので、給与をもらいながら勉強しているのです。もちろんそれ以外にも自費で大学院に行く場合もあります。自費で行くのには二つのタイプがあり、一つは休職するものです。大学院に行くために二年間休職して、二年後には現場に戻れるという保証をするという制度ができています。それを利用して大学院に行く人がいます。しかし給与は出ないので、二年間、自分の貯金で暮らさなくてはならず、それほど多くはありません。それから当然、働きながら行く夜間大学院や通信教育もあります。こういう具合に、制度が広がってきています。

このように制度は広がりつつも、財政難の中でそれを利用できる教員はむしろ減り気味です。現場の教師たちの学歴を上げる必要は必ずしもありませんが、さまざまな意味でレベルを高くし、特に中核的な教員ないしリーダー的な存在の教員を養成することが困難になってきているのです。実際問題としては、管理職になるには試験があるので、そのための勉強はするのですが、その場合は指導技術の改善とかあるいは学校教育に関わる全般的な知見を高めるという形で勉強しているとは限りません。あくまで試験勉強をしているわけです。管理職ですから管理業務が重要で、どういう法律のもとでどうするかとか、予算をどう処理するかということも必要な話なので、特に教育学や教育心理学その他を勉強するわけではありません。

日本の学校教育の教師を支えてきたもう一つ重要なものがあって、それがさまざまな研究会です。あるいは研究会に近い、主に現場の教師が集まってくる学会があります。これがちょうど大学院といわゆる研修と呼ばれるものの中間の位置づけをもっていて、主として現場に近い研究者を中心として組織されており、そこでは向学心に燃える教師たちが集まって一緒に勉強をしていくスタイルをとっています。この研究会が活発であるということが、日本の教師の顕著な特徴です。しかし、この15年ぐらい、一つは財政的な問題があると思うのですが、他にも学校現場の多忙化の中でゆとりがないといったことや、世代交代がうまくいっていないなどのために、研究会がかなり先細りしてきたということがあります。

こういう中で、修士課程の教職大学院ができるのは期待できるかも知れません。従来の行っても行かなくてもよいのだけれども、行って勉強してもよいよという選択的な大学院のあり方とは異なって、通常の教職の養成や研修のルートの中に大学研修資格を組み込もうということです。これは特に国際的なレベルで考えたときには、アメリカ、ヨーロッパ、韓国、中国、などを見ると、小中学校のリーダー層のかなりが修士号あるいは教育博士号をもっています。教育博士号と言っているのは実践研究で出る学位なので、日本の今の言い方で言えば、専門職の大学院の博士号です。そういう中で、日本の教師の学歴は先進諸国の中では今や低い方になってきたという危機感もあるわけです。学歴が上がれば自動的に教師のレベルが上がるということはないと思いますが、ある程度の相関はあるだろうと思います。そうなってくると、大学院の中身が問われるわけです。たとえば、教育委員会から見ればより実践的な人を採用したいわけだし、あるいは一年、二年、大学院に教員を送り出して戻って来たときに、現場の教育に役立つようになってほしいと考えるわけです。

教育学部の問題

今、全国の教育学部では、大学院やあるいは一年間なり半年の教育研修で現場の教員を受け入れたり、あるいは夜間大学院等で受け入れています。しかし、こういう大学院に行くことに対して、学校現場や教育委員会からの評価はあまり芳しくありません。「役に立たない」と言われることが多いようです。単に財政難で先細りになっているだけではなくて、教員が大学院で学ぶことによって十分に質の高い養成がなされるわけではないという評価が下されているわけです。大学側の問題もあるでしょうし、教育委員会側の問題もたぶんあるだろうと思います。

大学側の問題の一つは、以前から指摘されていることですが、教育学部の教員が二種類のタイプに分かれていることです。一つは教科系の研究者で、それはさらに二つのタイプに分かれます。一つは教科教育自体の人たち、もう一つは理論系とでも言える人たちです。もう一つは教職系で、そこでも実践志向の人たちと各々の学問の正統的なやり方を進めている人たちに分かれます。教科系の理論系というのはたとえば理科教育の物理学の研究者です。小中学校の理科の教師を養成しているのにもかかわらず、その教師のゼミでは基礎的な研究を取り上げることが多いとこれまでも指摘されています。基礎的なことをやって悪いということではないかも知れませんが、小中学校の教員養成で教えても現場に帰ってからの実際の授業とあまりにも距離があり、困るのではないかという気がします。

教職系というのは主として、教育学や心理学、教育方法学、カリキュラム論などです。これは比較的現場の実践に近いことも多いのですが、しかし教育学部にいる心理学者のたぶん半数くらいは、学校現場の問題とは関係のない、基礎的な分野を研究しているのではないでしょうか。研究すること自体はまったく差し支えないことです。しかし、教師の授業指導や論文指導をするときには、何らかの学校教育とのつながりがなければ、教員の資質向上という意味では役立たないのではないでしょうか。

大学教育の改革が必要ですが、これがなかなかうまくいきません。大きな理由は、学校現場に近い実践系の人たちの研究業績が少なかったり、しっかりとした学会誌での発表がないことが多いことです。それに対して基礎的なことをやっている人たちは、きちんとした論文や著作をもっていたり学位をもっていることが多く、大学教員採用の際にそういう人たちが優先されやすいのです。大学も外部評価が厳しいので、研究業績が多いことで評価を受ける面があることが大きな理由だと思います。とはいえ、この数年、教育学部もさまざまに改革を図っていて、実践に関わるということの評価も入れていくという方向に作り替えられつつあります。もっとも、なかなかうまく進んではいないようです。大学院にしても、最初に意図されたように、現場の教師がしっかり勉強するというシステムにはほとんどなっていません。場合によっては、教職試験を落ちた人が次の受験までのつなぎに大学院に来ることもあります。最近、教職免許をもっていない人を大学院に入れて三年間で教職免許をとらせ、かつ修士号を与えるという制度が発足しましたが、そういう具合に、本来は学部でやるようなことを大学院にもってきても、うまく動くとは限りません。これは教育学部側の問題です。

もう一つ、教育委員会側の問題があります。私の印象では、あまりに実技志向で、しかもそのときどきの時流の課題に追われすぎています。実技的というのは、すぐ明日役立つことを今日教えろということですが、本来大学院というのは、遠回りをして基本的なことをしっかり考え直す場で、そういうふうにできていません。時流の課題というのは、たとえば文部科学省がこれから算数の基礎学力を身につけられるように指導しようと旗振りしはじめるたぐいのことです。その瞬間に、大学院に来る人の志望が、その前は総合的な学習が非常に多かったのに、一気に算数教育に変わるわけです。けれども、大学院の教育とか大学における研究というのはそんなにすぐに変わるものではなく、総合的な学習の研究に取り組んだら十年はやらなくてはだめだと思っているわけです。ということで、教育委員会の視野が短期的なので、うまく合わないのです。

大学院がうまく機能するように変えていくためには、制度的な改革が必要で、専門職大学院その他いろいろ考える必要があります。あるいは大学院における授業のあり方を改革していく必要があるわけです。実践研究に関わりながら学問的なレベルを上げていくという訓練を十分受けた人が少なく、昔ながらの大学院で訓練を受けて大学教師になっていく中で、かなり古いスタイルのアカデミック志向のゼミを繰り返しているというきらいがあるように思います。

長期研修の教師を指導する

研究会をベースにしながらいろいろ変えていく試みについて、以下で述べたいと思います。私はたまたま前任校で長期研修という形で、主として小学校の教師を大学院に受け入れてきました。十年ぐらいで十数名の人たちを指導しました。ほとんどの人は生活科と総合的な学習がテーマです。私がそれを専門の一つにしていて、また他の大学の教育学部に生活科や総合的な学習それ自体をよくわかっている大学の教員があまり多くなかったので、私のところに勉強に来てくれていたわけです（今はこの分野の研究者もかなり増えました）。

その人たちは一年間の長期研修の中で、必ず実践論文を書くことになっています。実践論文にはいろいろなタイプがありますが、中心はおおよそ自分の実践における新たな試みの報告です。自分で授業をやるときに新しい授業案を作り、それを試してみたらうまくいったとかいかなかったとか、あるいは新しい単元を提唱するというスタイルの論文です。大学に来て現場から一時的に離れてはいるけれども、授業のときだけどこかの小学校に行って授業をやってみるのです。観察するためにビデオを入れたり、アンケートをとったりすることにより、詳細な分析をします。同時に時間はたくさんあるので、いろいろ大学の授業をとってもらうわけですが、私は発達心理を教えていたのでそれを中心として、他にもいろいろな教職課程の授業がありますから、それらをもう一度勉強し直してもらいます。さらに、ちょうど私が中心となって附属の幼稚園と小学校で行っている観察に参加してもらって、幼稚園の保育の様子とか小学校の授業の様子の分析をしてもらったのです。こういうことの組み合わせをやってきました。特に、幼稚園では子どもがあちこち動きまわるので、ビデオを使わずにメモ中心だったのですが、小学校ではビデオ分析の方法を指導しました。

そのときに、教師たちはいつも比較的共通した反応をしました。5月当初、附属の授業を見に行くと、最初の反応は、多くの場合「附属もたいしたことがない」というものです。彼女たちは普通の公立の教師ですが、長期派遣に選ばれるというのは相当に優秀な人たちです。やる気があって能力が高く、よくがんばり、みんなから一目置かれるような、現場のだいたい三十代の中堅クラスで、将来その地域を背負って立つような人が推薦されてくるわけです。附属の教師の授業はすばらしいと思って来ると、あまり大したことがないと思うわけです。一つの理由は、毎週観察に行っているので、附属の教師も別にいつもそう気張ってやっているわけではありませんから、ごく普通に授業をやっています。もう一つは、附属の場合には教科ごとの専門が決まっているのですが、小学校ですので、それ以外の授業もたくさんもっていて、必ずしも全部の授業が自分の専門の教科ではないのです。だから本来国語の教師なのだけれども算数を教えるということもあるのですが、自分の専門教科以外は教科書通りにやっていたりするので、公立の多くと似た授業であることが多いのです。それと共に、附属の教師といっても誰もが授業上手とは限らないということもあるでしょう。優れた指導技術の持ち主が多いとは思いますが、普通のレベルの人もいます。ただ、多くの公立の教師と違うところがあり、自分の専門部分については詳しくて、しかも実験的に工夫をしているわけです。しかし、たまたま見に行った授業でいつもすばらしいことをやっているわけではないのです。

授業のビデオ起こしを分析する意味

そういうわけで、「ここから私は何を学べるのだろう」と疑問に感じることもあるようでした。この程度の授業なら私はやっているし、全然参考にならない、見ても意味ないような気がするというようなことを言うのですが、それに対して私がいろいろな解説を入れますので、だんだん授業を見直していく意味がわかってくるわけです。なかでも大きく変わると思ったのは、ビデオ起こしをやってもらうことを通してです。一時間の授業をビデオに撮ったのを夏休みを使って、子どもや教師の言動を文字に書き起こしてもらうのです。そうすると、みんな音を上げます。こんなに大変だとは思わなかったと言うのです。小学校の45分授業ですが、きちっと文字に起こすといっても子どもががやがや言っているのはよく聞き取れないので、起こしきれないところもあります。慣れないうちは丸一日かかっても終わらないものです。一時間分を起こすのに、たぶん慣れないうちは10時間ぐらいかかるか、もっとかも知れません。一度やってみればわかりますが、2、3時間やって、みんなうんざりするわけです。何度も同じテープを聞かなくてはいけません。なぜか授業を生で聞いていたときはわかったと思っていたのに、ビデオの音だと意味がよくわからないので、何度も聞くことになるのです。

そういうことをやって大変だということがわかってくるのですが、そのうちに、あるときにふと、みんな気づくことがあるようなのです。それは何かというと、どうも細かいところに意味がありそうだということです。子どもや教師の一つひとつの動きを見ていると、実にさまざまなことが同時的に起きています。最近は研究授業でビデオを撮るのが普通になってきましたが、それを丁寧に見直し、かつ文字に起こすということは普通はやりません。だいたいはざっと流して見直して終わるわけです。ともあれ、こういうことをやっているうちにだんだんわかってくることは、たとえば、自分が教えているときに、どれほど多くの子どもの発言を見逃していたり誤解していたかとかということです。上手な教師であっても、いろいろなことを見逃していたり、誤解していたり、良いチャンスを捕まえそこなったり、子どもが良いことを発言しているのに取り上げなかったりなど、たくさんのことが見えてくるのです。

授業の中には同時にいろいろなことが起きているということがわかってくると同時に、いろいろなことが起きているうちの一部にしか教師が気づかなかったり汲み取れなかったりしていることが見えてくるのです。それが第一の気づきです。第二の気づきは、そういう中で、子どもが結構よいことやおもしろいことを言っているということがわかり、教師はそれをうまく汲み取ったり汲み取れなかったりしていて、つまり、教師が教えているということと子どもが学んでいることとは別のことだと、身にしみて感じられてくるのです。授業というのは、教師が教えたように子どもが学ぶわけではないという当たり前のことを、痛切に感じるわけです。教師が発問したり板書したりしているとき、子どもは無関係なことをやっていたり、あるいは逆に無関係のことをやっているように見えたのに、結構関係することを考えていたりという、ややこしいことがたくさんあります。子どもは子どもなりに考えているときもあるということです。そういうことが見えてくるわけです。さらに第三には、そういうことをふまえながら、良い授業というのはそういうところをうまく汲み取りながらやっているのだということが、しだいにわかるようになります。

特に大事だと私が思うのは、あらかじめ出した授業案でそういうことをどこまで配慮するかということと共に、その授業案に沿わない部分の汲み取り方がわかってくるということです。そういうことを、観察を通してうまく理解できるとよいと思います。

さらにこういう授業の分析とともに、長期の観察によって、子どもの長い時間をかけての成長の姿を目にします。教師は学校現場で担任を一年間とか二年間とか受け持つので、当然子どもの成長につきあいながらその姿を見ているわけですが、日々授業をやっている中では、子どもの成長をしみじみ眺めることはなかなかないようです。しかし、観察者の立場になって、週に一回とか二週に一回であっても、一年間子どもたちを見ていくと、いろいろな意味での子どもの成長に気づきます。トラブルがあってそれを乗り越えていく場合もあるし、いつの間にかしっかりとしてきたとか、いろいろなケースがあります。この観察では対象のクラスを決めましたので、小学校だと40人子どもがいて、幼稚園のクラスでも35人いますから多いのですが、その中の何人かを中心として観察しています。また、観察していると話題に出るのはすぐ騒ぐ子とか外れる子、授業がわかっていない子とかの気になる子ですから、そういう繰り返し登場する子どもが半年、一年たってどうなっていくのかということは興味深いわけです。そういう子たちが何らかの意味で成長していくことを改めて実感できるということがあります。

もう一つは、そういうことを分析するある種の手だてを身につけるわけです。つまり、一つの授業を細かく分析する手法を身につけていき、また、一年間の子どもの成長記録を整理して、どうやってそれをまとめるかという技術も学ぶわけです。そういう手法を身につけていく中で、ある程度、実践的な研究の基盤ができていきます。それからまた、たぶんいろいろな心理学の授業その他と組み合わせながら、子どもの成長過程や、学びの過程の理解もある程度は進んでいくのではないかと思っています。

研究会に発展させていく

上記のようなことを私は十数年やってきました。もともと比較的優秀な教師が来ていますから、そういう方々が県に戻って活躍しています。この十数年間で教頭試験や校長試験を受けるぐらいになってきている人も多いし、何人かは指導主事になっています。そういう人たちをベースにして研究会を作っています。私のところで勉強した人以外にも、他の大学院に行った人たちも含めて勉強会を月に一回やることになっています。実際はなかなか忙しくて、二ヶ月に一回ぐらいになることも多いのですが、それぞれの教師に発表してもらいながら、検討する会をもっているわけです。

そこで私が心がけていることがいくつかありますが、一つはできる限り全員が対等な立場で、共に考えていきたいと思っています。つまりこの研究がしたいという場合に一緒にプランを考えるとか、こういう授業を今工夫しているのだけれど、あるいは新しくやらなくてはいけないのだけれども、その授業案をどうしようかなどを一緒に検討します。私自身よくわからないことも多いのですが、それでもなんとかその場で考えるのです。幼稚園・保育所、小学校、中学ぐらいまで、また教科で言えば国語・算数・体育その他何でも一緒に思案し、助言します。一緒に授業を含む実践の計画を作ることもあります。

学校が研究指定校となって何かしなくてはいけないというときに、お手伝いをすることもあります。頼まれて授業を見に行って、何か改善できることを助言するといったこともよくあります。最近増えてきたのが特別支援の問題です。私は心理学をやっているせいもあって、発達障害の問題とか学校心理学の問題に専門的な意味での関心があります。つまり、不登校の児童とかアスペルガーや学習障害とか、あるいは虐待を受けているとか、そういったさまざまな困難を抱えている子どもがクラスにいることが多いわけですが、そういう場合にどう指導したらよいかということです。現在は特別支援コーディネーターを各学校に設けて、個別教育計画を作らなくてはいけないのですが、そういうこともあって、どのように計画を立てたらよいかとか、あるいはそれ以前に、うちのクラスの子どもが暴力をふるって困るのだけれどもどうしようかとか、いろいろな相談事があります。学校の管理的な問題も検討します。管理職が受け持つ問題としては、たとえば、保護者との連携をどう進めるかとか、新任の教師が自分の学校に来ると初任者研修をしなくてはいけないので、それをどうやっていくかとか、あるいは最近は学校評価というのが入ってきて、学校も必ず外部評価を受けるということになってきたので、それをどう進めるかとか、本当にいろいろな問題があります。

こういったことについて基本的には一緒に考えるということと、できる限り本音で話し合うということを研究会の方針にしています。研修会とか校内研では制約があるので、リアルな生々しいことは言えない場合もあります。子どものプライバシーに関わることや、親の実態の生な話というのは、そういうところでは出しにくいのです。たとえば、保護者との連携というのはきれいなことばで、もちろんそこで想像されるようなうるわしいこともたくさんあるのですが、もっと生な問題もあるわけです。子どもがいろいろ問題を起こしたときに保護者とどういうやりとりをするかとか、あるいは、子どもが虐待を受けているらしいけれど、その親にどういうふうに介入するか、あるいは、暴力をふるう子どもがいて、しかりつけたら、その親が校長室に怒鳴り込んできたけれど、どうしよう等々。そういったことは大学の教職の授業では取り上げられないでしょうが、時に起こるわけです。そこでびびってお金で解決したり、こちらが悪くもないのに、うかつに頭を下げるのはまずいわけです。そういう話題も出しながら、一緒に考えていきます。たぶん、この研究会に来ている教師の方々からすれば、この場以外では話せないようなことがいっぱいあります。ここでは、個々の問題の具体的な中身に触れるわけで、すべて話したことはお互いに良識をもって外に言わないようにしています。

必ず私が、いろいろな面からのコメントをします。そこでは、私としては実用レベルで役立つことを言うようにすることと、もう一つは、理論的な位置づけをおこなうようにします。また、政策的な解説ともつながりをつけていくのですが、それは、特に今の学校教育の流れの中でどういうことになっているのかという問題です。理論的というのは、教材をどう分析したらよいのかとか、心理学的にどう整理できるかといったことです。第8章で述べた「ボトムアップの教材分析」の議論などは、かなりこの研究会で話したことにもとづいています。それから実用的というのはとにかく、学校に戻って具体的に何をしたらよいかを示唆していくということです。それが見えるように論じていくということです。

この研究会には何人か院生や大学教員の方も来ているので、大学院生には学校現場の様子を理解してもらいたいと思っています。また、それと共に、そういった院生にも実践に関わる研究を発表してもらうので、学校現場の教師側もそういう研究がおこなわれるということの意味を考えていくわけです。実際、参加している教師の多くは、一年間派遣で来てビデオを撮って分析するなどの経験があります。そういうことを通して、この教師たちは研究に対する理解がかなり高まっているわけです。理屈がどこまでわかっているかはいろいろかも知れませんし、なかには大学の教師は簡単なことを難しく言うものだと思っている人がいるかも知れませんが、ただ少なくとも、そういうややこしい分析をしなくてはならないことがあるらしいということは、わかるわけです。

そういう経験がない多くの現場の教師は、研究者が授業に来てビデオに撮り、たとえば、教師が発話して、子どもが発話して、そのときに教師がうなずいたとか、ここではにっこりしたとか記述して分析するわけですが、そういうのを見て、「ご苦労様」と思い、「それにしても何をやっているのだろう」と、いぶかしく思っていると思うのです。「面倒くさい、そんなのわざわざビデオに撮らなくたってすぐわかるだろう」と思ったり、また結論については、多くの教師は礼儀正しいですから言いませんが、「そんなことは、一年間大学院に行って修士論文や博士論文を書かなくたって、昔から知っているし」と、たぶん思うのです。それだけの手間をかけて、分析して出ることの知見の厚みみたいなものは、なかなか門外漢にはわからないのですが、さっきのような経験を経てくると、そこに違いがあると理解できるようになります。ちょっとしたことに見える結論の裏付けが十分にあるということの意味が、理解されていくわけです。そこまでいかなくても、少なくともビデオを撮ったり撮られたりということや、そこで分析されること、逆に分析することについても理解が高まるので、授業のビデオを撮りたいと言われればどうぞと応じてくれるでしょう。うまい授業にも穴もあるものだし、下手な授業でも見所はあるのだから、そこを気にすることはないのだと思えるのです。

研究会の今と今後

私も気が長いので、一度始めると十年単位で続けているわけですが、おそらく、いろいろな現場に関わる研究をしている大学の研究者のかなりの人たちが、こういうたぐいの研究会をそれぞれ組織しています。そういった勉強や大学の研究者と現場教師の関係は、外にはなかなか見えません。文部科学省や教育委員会には、もっと表だったところだけが見えているわけです。しかし、実際に日本の学校文化を支えているのは、教師の自主的な研究会にあるのだろうと思います。こういうエネルギーをどういうふうに文部科学省や教育委員会がうまく汲み取っていくかということが、日本の教員の資質向上につながっていくのだと思います。

そのあたりがこれからの大きな課題であると思います。そのとき特に大事なことは、大学の研究者と教師が一緒に考える関係をどう作るかです。どうしても、大学の研究者が理論を述べて、その理論を信奉する人が集まるという関係になりがちです。そういう関係はゼロにはできないし、ゼロにすることに意味はなく、ある程度権威のある解説も理論も必要なのですが、基本としての関係は、一緒にその場で考えていくというものであるべきだと思うのです。そのことは、現場の教師が中心の研究会にも言えます。現場の教師の特に何人かの名人クラスの人たちを中心とした研究会もありますが、そういう場合でも、その教師を奉り上げてそれに従う信者たちという関係ではなくて、一緒に考えていけるようにもっていけるかどうかが、決定的に重要だと思います。それは、前に述べた反省的実践者（リフレクティブ・プラクティショナー）としての教師のあり方に通じるでしょう。あるいは現場の教師と大学の教員も対等の立場で考えあっていけるはずですから、そこら辺を確立していきたいと思っているわけです。

第11章　養成校での研究者・教員のあり方

研究者と実践者の関係や研究と実践の関係について具体的に検討する上で、教員養成系の大学や学部の教師のあり方が重要です。職業としての学問は、実際には大学教師であることを指していることが大半です。多くの大学教師にとっては、まずは教えることが仕事ですが、同時に研究をするわけです。研究するということと大学で教えるということのつながりがどうあるのかが問われることになります。実践に関わる学問の一つの特徴として、研究の自由はあるにしても、基本的には実践に関わるタイプの研究が期待されることになります。そこには難しい問題が生じてくるわけです。現実の日本の養成校のあり方を紹介しながら、この点を吟味していきたいと思います。

養成系の大学教師として研究するとは

大学院生、特に博士後期課程の院生の多くは、研究がしたいと思って進学したと思うのですが、日本の教育系や心理系で、自分がやりたい研究をして、それだけで生活できる人というのはほとんど存在していません。大部分の人は教育という活動をすることで給料を得ているわけです。ですから、もともと大学教師になりたいとか教えることが好きということで大学院に行って教師になる人もいると思いますが、そういう人は比較的少ないのではないでしょうか。むしろ多くの人たちは、研究がしたいから大学院に行くわけです。すなわち、現実の研究者の生き方を知らずに大学院に進む人が多いのです。実際に大学院をめでたく修了して大学に就職したとすると、大部分の人が驚くのは、大学教師の多くには研究する時間がほとんどないということです。教育およびそれにともなう学内業務の仕事に追われています。そうはいっても、大学教師は通常、会社勤めの人に比べれば余暇が多くて研究時間も多いのですが、しかし、大学勤めというものの大部分が研究プロパーに使われる時間ではないわけです。そういう事情はどの学部も同じですが、教育系を含めて、実用的な養成をする学部、たとえば看護学部や医学部、薬学部、管理栄養士の養成をする学部等々には、これまで述べてきた研究と養成の関係という難しい問題があります。

特に教育学なり教育心理学の研究者にとっては、教育を学問的に解明するだけではなくて、何らかの意味で教育の改善を考えることが要請されます。そのときに直接的に実践現場を改善しようと、介入したり助言するというのも一つのやり方ですし、また国や自治体や教育委員会などの施策に対して、改善のための助言をするとか委員になって発言するというのも一つのあり方だと思います。また、論文や啓発的な書物を出して、識者に訴え世論形成に役立てるという方法もあります。もっともオーソドックスなやり方は、養成段階において優れた教師を送り出すということになります。したがって養成は、研究者にとって単に給料を稼ぐという以上に重要な仕事であり、研究者でありつつも教育者であるということが、本質的に重要な意味をもつのです。

教員養成の制度的仕組み

ここで、日本の教員養成の仕組みがどうできているかについて解説しておきます。基本的には大学の教育学部で教育養成をおこないます。教育学部というのは原則として教員養成を主たる目的とする学部です。ただし、例外がいくつかあり、教員養成を目的としない教育学部が旧帝大系を中心にいくつかあります。東大とか京大等の旧帝大系の教育学部は、教員養成系学部ではありません。教員養成系の学部は、原則として学生が教職免許をとることを目的にしています。一方たとえば東大教育学部の場合には、教員免許をとる必要はなく、研究者養成と政策担当者養成という要素が勝っていて、そこで教えている教師も研究者であり、研究者を養成するという意識が強いと思います。これは数としてはきわめて少数の学校であり、大部分の教育学部は教員養成系です。

それに対して、総称はありませんが、教育学部に準じるものがあります。教育養成を中心とはしていないけれども、ほとんど教員養成系学部に近い、主として教員を養成するところが結構あります。それからその他があります。その他とは、日本の教員養成は開放制と呼ばれる方式をとっており、一定の教職に関わる単位を取得すると免許が認められるという方式です。ですから、たとえば経済学部で社会科の免許をとるとか、文学部で英語の免許をとることができます。理学部に行くと数学や理科の免許がとれます。しかし、幼稚園と小学校については、さまざまな教科についての単位を取得する必要があるので、通常は幼稚園課程、小学校課程、あるいは初等教育課程に入る必要がありますが、大きな学部の一部にそういう課程を設置して、必要な単位をとれるようになっています。

こういう教員養成機関の大手が教育学部というわけです。だいたいは四年制ですが、厳密に言うと、教員免許には二種と一種と専修の三種類あり、二種は短大、一種は四大、専修が大学院の修士課程に該当しています。ただし、二種でも一種でも専修でも、学校に勤められることは同じです。今のところ、これらの間に差はないので、たとえば小学校の教師になりたいからといって四大の教育学部に行く必要はなく、短大でもよいのです。現実には採用試験がありますから、採用をする側が四大を優先するということはあるかも知れません。小学校の教師の学歴では四大が圧倒的多数ですが、短大の人も若干はいますし、修士課程を出た人も若干いるわけです。

教職大学院が置かれる中で、先行きはちょっと変化があるかもしれません。教員の学歴キャリアのレベルをどう設定していくかというのは難しい問題です。つまりそれは、教員という職の専門性をどの程度に設定していくかということに関わります。たとえば、幼、小、中、高の教員に対して、保育士に関しては、今のところ種別の区別はありません。保育士は、現在は高校を卒業して2年以上の課程を経るということになっています。したがって保育士の場合には四年制大学で保育士を出しているところも最近は増えましたが、そういうところを卒業しても単に保育士です。ちなみに、保育士には試験制度があり、その試験を経て保育士になるという別ルートがあります。

他の資格と比べてみましょう。薬剤師はつい最近まで4年間の教育課程でしたが、六年制が導入されました。これからは六年制が中心になります。看護師は現在、基本は、短大、四大となっていますが、四大から修士レベルに移行中というところです。しかし、短大よりもさらに低いレベルのものがあって、それが准看護師ですが、准看護師制度は今、厚生労働省が廃止しようとしています。一部から反対もあって、まだ完全に廃止には至っていません。特に医療系の資格は医師免許との関連があり、医師は六年制の教育です。したがって、修士レベルです。修士レベルで出て、そのあと、研修医になって数年診療しながら勉強して、医者になるわけです。そのとき、国家試験を受けなければいけません。それと医学博士号というのは別な話ですから、国家資格で医師になるということと、医学博士号をもつということは実は何の関係もないのです。通常は、医療行為をするためには医師にならなくてはならず、国家試験を受けるためには医学校を出る必要があります。

法科大学院つまりロースクールを考えてみると、ここは弁護士や検事や判事になるところです。学部を出て、そのあとロースクールに行きます。すなわちロースクールは、専門職大学院の修士課程に該当しています。そのあとで、司法試験を受けて、合格すれば今度は司法修習生になり、さらに2年間学びます。司法研修は実務教育ですので、要するに、修士相当を出た上に、実務的な教育を2年、3年受けるというのが、弁護士や医者のシステムです。

このように、比較的高度な専門家というのは、日本では、高校卒業から数えて6年間の教育（およびプラスアルファ）が基本になりつつあるわけです。

教師養成のキャリア上の問題点

教師は今どのレベルに想定されているかというと、保育園、幼稚園、小、中、高で違いますが、小学校の場合、短大でもよいが大部分の人は四大で、四大が標準型となっています。そこに教職大学院が入って、修士号をとる人が増えるかもしれないというところまできました。修了後のインターンはほとんど存在していません。初任者研修がありますが、これは学校に就職して最初の一年間に、年間何十時間かの研修が義務づけられるというもので、インターンとは違います。初任者研修では一人前の教師として、学級担任をするなどしてフルの責任をもって教えながら、合間合間に研修を受けるという、現職研修のシステムです。研修医と近いところもありますが、異なるでしょうし、まして司法修習生などのやり方とはだいぶ違うものです。

こうしてみると日本の教師養成の問題の第一点は、学歴の点で、教師のキャリア水準としてどの程度が適当なのかが不明確なことです。学部でもよいという考えと、いや、そうではなく修士ぐらいまでは必要であるという意見、あるいはもっと先の博士号レベルがよいのではないかという議論があります。特に欧米や韓国、中国と比べたときに、日本の小、中、高の教師の学歴水準はあまり高くありません。フィンランドは教師は原則として修士修了だそうですが、アメリカの場合には学部の人もいるし、修士の人もいるし、博士号をもっている人もいます。韓国もそうです。小学校の校長で博士号をもっている人がそんなにめずらしくないと思います。専門職の博士号ですから、そうレベルが高いものではないのですが。日本もそういう方向に行くべきではないかという議論があります。

もう一つの問題は、就職してからの実務研修が十分でないということです。最初の一年間が相当に大変なのです。たとえば、最初の一年間は担任をもたせずに補助教員としてやっていくというやり方が許されるとよいと私は思います。実際にはそうではなくて、就職していきなり4月から一人前の教師としてクラス担任をしなくてはいけないのです。それがプレッシャーになります。教えやすいクラスならよいのですが、場合にはよっては苦労します。その悲劇も生まれるわけで、たとえば、4月に就職してすぐ保護者参観日があり、その日の朝、教室で自殺した人がいました。おそらく非常にプレッシャーが高かったせいであろうと思います。新任教師が追いつめられるということが、しばしばあるわけです。ですから、インターンシップの必要性の問題があります。

第三に、学部を卒業して大学院や研修をその延長で受けて就職するという人たちがいる一方、就職してある程度働き、その後で大学院に行って教職免許をとるとか、あるいは働きながら夜間や通信の大学院教育を受けてとるという方式が今少しずつ広がりつつあります。これをどのように広げ、安定したものとしてしっかりと位置づけるかという課題があります。

教員養成の大学教員のあり方

教員養成課程の大学教員の仕事は、教員の養成です。それから、現職の教員が大学院に来るようになったので、そういう人たちの研修もあります。以上は大学でおこなう教育ですが、もう一つ、教育委員会や各学校でおこなう種類の研修活動に協力するということが仕事として入ってきます。

その一方で、大学教員には必ず研究が義務づけられています。週五日間の労働時間で年間何百日かの労働日のすべてが教育活動で埋まるわけではなく、必ず空けるようになっていて、そこでは研究活動をおこなうことになっています。実際には研修のための教育活動があり、また社会的な貢献にかなりの時間を費やしています。大学の仕事として教育委員会の業務を引き受ける場合もあり、個人的に直接依頼を受けてやる場合もあります。それ以外に大学教員というのは大学の中のさまざまな委員のたぐいをたくさんやっているわけです。教務委員とか学科長だとか、いろいろと職務があります。入試をやればその問題を作るのも大学の教員の仕事ですし、採点や監督も教員の仕事なので、本当にいろいろな仕事があるのです。

学校現場側から見たときに、教育学部の教員養成が十分に機能していないという批判があります。一つには少子化が進む中で、教員の需要が落ち込み、一時期教育学部を卒業しても幼小中高の教師にはならない人たち――実際にはなりたくてもなれなかった人たち――が一時期増えたということがあります。今は、国立の教育学部を終了して幼小中高の教師になる人の率はだいたい40パーセントから60パーセントぐらいで、多いところで70パーセントぐらいです。まず100パーセントにはなりません。教員として数えられるのは幼小中高の教師なので、教育学部を卒業して大学院に進学する人、民間企業にいく人、文部科学省といった官庁に入る人は教員就職率から外れます。昨今は特に小学校の教員が不足していて就職はわりと順調で、この数字が高くなってきています。

どうしてこういう数字が問われるかというと、大学は学費だけで成り立っているわけではなく、相当額の税金が投入されています。特に資格養成は、通常の経済学部や法学部や文学部と比べると学生あたりの教員数が多く、コストが高いのです。幼小中高と免許の種類がいろいろあり、中高では教科がさまざまにあり、なおさら教員数が必要です。そういう事情もあって、コストに見合う教員を卒業生として送り出さねばならないという指摘を受けることになります。

そして、教員の質が問われるわけです。最近の教師のレベルは低いのではないかとか、せっかく教師として赴任したのにすぐに辞めるではないかとか文句がくるわけです。質をどう評価するかは難しい問題ですが、ともあれ、養成の水準を上げなくてはなりません。では、高いレベルの養成教育とは何かということが問題になりますが、これがよくわからないわけです。より高い水準の教師を決めるテストがあるわけでもないので、あの大学出身にはよい教師が多いといった評価が定まればよいのですが、そう明快なものもないわけです。

教師として就職して数年たってから学部教育を振り返って、それが役立っているかどうかについてアンケート調査したりインタビュー調査したりした結果では、大学教育における養成はあまり役立っていないという答えが多いようです。もっとしっかりした評価研究をして養成の効果をチェックするべきだと思いますが、それをやっていない以上は、こういったラフな指標でしかわかりません。

前にも述べたように、現職の教員が大学院に行くという制度があります。そこで修士号をとって現場に戻ったときに、その修士で学んだことが現場に役立つかどうか、これは直接的な評価です。現職の人が行くわけですから、現職で働いていることに対しての関連性がより強いはずです。単なる休暇ではなく、給料をもらっている場合は特にそうです。業務との関連が明確であるべきだと誰しもが思うわけです。しかし修士を出たことが学校現場で十分に役立っているかというと、あまり役立っていないという否定的な反応が多いようです。だから、大学院に送ってもしょうがないという教育委員会側の否定的な答えが多くなって、その上に財政難もあり、大学院に送る率が減ってきてしまいました。つまり、大学院における教育内容と、現場の問題との関連性が薄いという批判があります。

それからまた、教育委員会や各学校がおこなう研修活動があって、そこで研修の講師が必要なわけですが、指導主事と共に、その講師のかなりが大学の教員に求められます。そのとき、学校現場の問題を解決するのに役立つような情報がほしいわけですが、それを提供できる大学教員が少ないのです。研修の講師になれる人も、一部の大学教員に限られるという問題が出てきています。

研究活動と教育その他の活動のつながりとは

要するに、研究活動と教育活動の間のつながりがうまくいっていません。なぜうまくつながらないかということが、本書全体の問題意識となっています。研究をおおざっぱに基礎研究と応用的実践的研究とに分けると、従来、各大学は圧倒的に基礎研究をする研究者を採用してきました。そういう人を採用すれば、当然そういう研究を続けるわけで、最初から教えて研修することと研究とが分裂しているのです。学生が卒業論文や修士論文、博士論文を書いても基礎研究をおこなうことになって、その中身が学校現場とつながる可能性は低いわけです。

では、どうして教育学部においても基礎研究をおこなう研究者が圧倒的に多いのかというと、これはさらにさかのぼって研究者を生み出す大学院の問題があります。主に研究者を生み出す大学院は、ごく最近まで、日本の場合旧帝大系と、いくつかの公立大学、私立大学に限られていました。それらの大学院の大部分が、従来は基礎研究中心でした。これが一つの理由です。とはいえ、世代が変わる中で、もっと実践とのつながりを求める大学教員が、特に教育系の大学院に増えてきました。

もう一つは、研究者の生き残りシステムの問題があります。研究論文を書くことによって研究者は生き延びていきます。研究論文を書くということは、社会的なレベルで言うと、研究費を得る、研究活動をする、それを発表して刊行するということです。院生を含めて研究者はそうすることによって学位を得、生き延びていきます。だから研究費獲得競争の中でいろいろ不正問題も起こるわけだし、論文を刊行する中で捏造問題も起こるわけです。もちろん大部分の人はまじめにやっているわけですが、いずれにしても論文を書き、しかるべき学会誌等に載らなければいけないわけです。そこで逆転が起こります。学会誌論文として通り、あるいは学位論文として通りやすい論文を、研究者は書かなくてはいけないということになるわけです。研究者が常に自由に研究して自由に発表していると思ったら大間違いで、平凡なる研究者の多くは、学会で認められやすい論文を書いているわけです。生き延びるとはそういうものなのです。

こういう事情の下で、従来の学会誌が基礎研究に偏っていたために、そういう論文が輩出されるというところがありました。したがって大学院とさまざまな学会とが基礎研究側に傾かせていたわけですが、今では教育に関連する大学や学会を中心に、実践志向を強めるようになってきました。たとえば、教育心理学会は教育に関わる心理系の大手の学会ですが、数年前から実践論文という枠を作っています。そういう形でより実践的な論文掲載を可能にする試みを、いろいろなレベルでするようになったわけです。その結果として、少しずつ応用実践を研究する人たちが教育学部で増えてきています。

もう一つは、通常の大学院を経るオーソドックスな研究者養成のルートとは別に、学校現場から大学の教員を採用するルートで応用実践的な面を強化するという動きも出てきました。これはある意味では当然と言ってよいでしょう。教師養成と類比できるものとして、看護師や医師、薬剤師、法律家の養成を見てみれば、必ず実務家教員がいるわけです。たとえば医学部では、基礎医学をやっている教師たちだけで教えているわけではなく、臨床医がたくさん関わっています。そういう人たちの中には、もちろんたくさん論文を書いている人たちもいますが、そうではなく、たとえば外科手術を何百例こなしているという人もいたりするわけです。そういう人は、大学の研究者として著名だからではなくて、病院現場で優秀であるから大学に引き抜かれたわけです。芸術系の大学の教師たちもそうです。芸大にはもちろん純粋の学者もいますが、かなりの教授たちは有名な画家だったり演奏家だったりするわけです。そうだとすれば、教育学部でも、卒業生はすぐからクラスをもって教えるのだから、当然教える技術を指導すべきであろうと思えます。そうであるなら、それができる教師を置くべきだろうとなります。従来、教育学部にはそういう発想があまりなかったのです。比較的最近になって、卒業してすぐからクラスをもてる人を送り出そうというように変わってきました。では、それだけで済むのかというと、そうではないと思うのです。

応用実践的から理論的へ

ある程度応用実践を意識した研究をするにしても、研究という面といわば実務とがあります。たとえば、小学校の教師でいうと、実務レベルの例として板書のしかたがあります。小学校の上手な教師は、板書が美しいものです。生徒の見本となるので字がちゃんとしているということもありますが、それは意識して練習しているからでしょう。書き順も含めて、正しい字を書くようにしています。しかしそれだけではなくて、上手な教師の板書というのは、みんなが発言したものがうまく整理されていて、一種の構造図になるように作ってあります。そういうのが基礎的な技術なのです。だからそういうこと一つとっても、丹念に指導しておかないと、卒業していきなり授業をもつので困るわけです。

そういうことは学部の教育でできるようにすべきだとなります。その際、教育実習の時間があるので、それでやればよいだろうとも考えられます。しかし小学校の教育実習は、現在4週間ですから、そこまでは無理です。また、現状卒業生の教職就職率がたかだか5割程度のところで、みなが一年間の実習をしていても、対応する現場が困るでしょう。それはあまり実用的でないわけです。

問題はもう一つあって、ではそういう技術レベルだけでよいのかというとそうではありません。たとえば教材解釈をどうしていくかとなると、板書の技術とは違う理論的なことがたくさんあります。あるいは、やる気のない生徒をどう動機づけていくかには、いろいろな技術もありますが、その背景にある理論もやはり必要で、そこに教育心理学が関与しているわけです。そうなってくると、研究と実務レベルの両方がつながるような形で、養成課程を組んでいく必要性があるでしょう。現在、さまざまな教育学部の学部あるいは修士課程で抱えている問題は、基本的にはこの連携がまだうまく機能していないということだろうと思います。

今、教育系の大学院が修士・博士課程とも実践的な方向に動いてきたとは思いますが、大学院育ちの研究者には実務レベルのことはわからないでしょう。学校現場から来た人たちがそういうところを補えばよいではないかといっても、学校現場から来ていきなり大学教員になった人たちは、必ずしも理論レベルに強くありません。きちんと理解している人は少数です。そうすると、両者の間に分裂が生まれてきます。教育系の大学院を思い浮かべても、学校現場から来た教員と大学院の正規の博士課程まで出た教員がそんなにうまく一緒にやれているという気はしません。個人的に仲良しなのはいるでしょうが、養成課程の授業の組み方とか、教師をどう教育していくかの理念においてうまく協力できていないと思います。しかもその上に基礎研究中心の人たちが大学では有力な立場にいるでしょうから、この分裂はさらに激しいわけです。ここをどうつなげていくか、今苦労しているところだと思います。特に三十代から四十代前半ぐらいの大学院を出て十年ぐらいの人たちが中心的な仕事を担いつつあるので、あと十年ぐらいたつと大きく様変わりするでしょう。今はまだ過渡期で、なかなか先が見えていません。おそらく教職大学院が作られる中でそれがうまく機能すれば、この連携が実質的に協働関係として成り立っていくのだと思います。

具体的にはどうしたらよいかですが、整理すると、一方に心理学や教育学やそういった学問体系があり、それに向かい合う形で学校現場と、教育委員会、文部科学省があり、それが現場の側のストーリーを形成します。この二つは直接的にはつながらないと思った方がよいわけです。心理学の生の知識でいきなり学校現場の問題を解釈してもしょうがないわけです。すなわち、この間に現場的な学問というものを作っていく必要があるでしょう。

カウンセリングを例として考える

カウンセリングの例をあげると、カウンセリングというのは、臨床心理学という学問、あるいは臨床心理学を含んだ心理学の中で成り立つ一つの治療法、人間の悩みに対する対処法です。学校には、不登校であるとかいじめとか進路に悩む子どもとか、あるいは発達障害の子ども、非行の子ども等々、心理的社会的問題を抱えた子どもたちがいます。教師たちは日々それらに対応しなくてはなりません。非行や発達障害や不登校は純粋に心理的な問題ではありませんが、心理的な面を多様に含んだ問題です。したがって心理学ないし臨床心理学に出番があり、役立つことが期待されます。その中で、たとえばスクールカウンセリングという制度が作られたわけです。そのための予算が国や自治体で作られて、スクールカウンセラーが各学校に派遣されるようになりました。

そうすると、臨床心理学という学問をベースにしたカウンセリングというやり方があって、それが学校問題に直接的に応用されるという形でスクールカウンセリングが発想されたわけです。しかし、実際にスクールカウンセリングを学校でやってみると、単純に心理療法の応用ではないことが見えてきました。大学の相談室でやっているような心理療法を学校にもってきてあてはめればうまくいくということではない、ということがわかってきたのです。結局、実際に学校現場で試みながらスクールカウンセリングというものは何なのか、そこでやるべき仕事は何か、そこで適用されるべき原則とは何かということを作り上げていく必要がありました。そのあたりは、最近学校心理学と呼んだり、あるいは単にスクールカウンセリングと言ったりしますが、取り組まれている最中です。

　スクールカウンセラーが学校現場にきたとき、子どものカウンセリングをすることは実際にはほとんどないでしょう。それだけの暇がないのです。自治体によってさまざまで、また小学校と中学校と高校とでは違いますが、小学校の場合、多くの地域で、スクールカウンセラーが来るのはせいぜい週に半日というところがざらです。週に半日とか一日ということは、小学校にいる時間がせいぜい5、6時間ということであり、問題のある子はたくさんいますから、時間がとれません。小学校にもよりますが、私が前に見た例で言えば、平均的に一クラスに問題がある子が4、5人はいましたが、これは率が高いとしても、全校で数十人以上いるのです。問題というのはたとえば、不登校気味であるとか、緘黙（クラスで口を開かない）であるとか、チックであるとか、知的障害があるとか、多動であるとかですが、そういったたぐいの問題をもつ子が一クラスに数人ずついたら全校では大変な数です、当然、一人ひとりの対応はできません。ではスクールカウンセラーは何をするかというと、だいたいは担任の教師や教育相談担当の先生と話して、そういう場合にはこうだ、ということを一人の子どもあたりわずかな時間で助言したり、あるいは親に対してどういうことを提示したらよいかについて学校の教師に助言したり、あるいは、こういう問題はちょっと深刻なので病院に連れて行った方がよいのではないかと進言したりします。

　学校によっては、教師の方からあまり問題が持ち出されない場合もあります。そういう場合には教師たちといろいろとおしゃべりしながら、どういうふうにクラスの中にカウンセリング的なアプローチを入れられるだろうかということを一緒に考えていく場合もあります。それからまた、学校によっては、保健室登校のように相談室にたまる子がいたり、休み時間のたびに何かおしゃべりしに来る子がいたりして、そういう子とカウンセラーが話をする場合もあります。それがどういう意味をもつのかということも、考えていく必要があります。

こうなってくると、そこで何が可能かということやそれがどういう意味をもつかということを改めて考える必要があります。心理学の原則を取り入れながらも現実に即した新たなスクールカウンセリングのあり方を作っていくのです。現在では、そういったスクールカウンセリングのあり方にやっと見通しが出てきたところだと思います。

そうやって実際に現場で作っているわけですが、そうすると今度は、それを反映させた養成を進める必要が出てきます。教職課程の中では、スクールカウンセリングに該当する部分は教育相談という形で授業科目が設定されていますが、学校現場に起きる問題のあり方を念頭に置きつつ教育相談の授業を展開する必要があるわけです。単に臨床心理学一般を教えるのとは違うのではないかと思うのです。

現場と結びついた大学の授業内容とは

「教育原理」とか「教育心理学」という授業科目がありますが、それらも同じような意味で、現場の中で起きていることを素材にしながら、そこでたとえば教育心理学の原則がどのように働くのかを解説していく必要があります。しかし、実際に教育心理学の授業がそうなっている場合は少ないのではないでしょうか。大学で使う教育心理学のテキストを見てみるとわかりますが、大多数はオーソドックスな心理学のテキストとほとんど同じです。たとえばある章はパーソナリティのことが書いてあり、別なところには学習心理の原理が書いてあるというように、基礎的な話の組み合わせでテキストが構成されている場合が多いのです。そうしている限りは、おそらく実践と関わるという意味での養成は無理だろうと私は思うわけです。

ですから、そういう授業科目の改善が必要なのですが、それができるためには、二つのことが求められるでしょう。一つは、大学に属している研究者自身が、どこまで実践を考慮した研究活動をおこなうかです。そういう人たちが基礎研究をしてはいけないということではありません。基礎研究と並行して、実践に関わる研究もした方がよいだろうと言っているのです。大学の授業科目を教えるということは研究をベースにしているわけで、自分ないし自分たちがやっているであろう研究ではこういうことがわかってきたと話していきます。それは教える人個人の研究である必要はなく、学界で進んでいる研究の総体を基礎にしてよいわけですが、それを大学教師が十分に理解して伝えていくためには、自分自身もある程度実践的研究をおこなっている必要があるのではないかと思います。

もう一つは、現場的な学問というときに、ここに学生自身がどのように参与していくかについての工夫がいるのだろうと思います。教育実習も大事ですが、それ以前に、学生が学校現場に出かけていったり、教育心理学やその他の授業との関連の中で学校で授業している様子を見て、授業で学んだことを解釈してみるとかしてはどうでしょうか。あるいは学校で教師が考えていることはどういうことかを、直接に尋ねてみるということも可能でしょう。素朴な形でよいので、学校現場の様子を学生自身が経験してみる必要があるのではないかという気がします。このように、フィールドに出て行くという作業が大事になるだろうと思います。

附属学校と大学との関係の難しさ

教育学部は、原則として附属学校をもっています。だから、学校現場の様子を知るときに、公立学校にしょっちゅう行くのは学校側に負担が大きすぎるので、附属学校に通って学校現場の様子がわかるとよいはずです。それが本来の附属学校の役割であって、そのために教育学部に付置されているわけです。ですから、そういう意味で教育学部における附属学校の役割が重要になりますが、しかし、大学教員が研究と授業に加えて、さらに附属学校に関わるのは負担が大きいことと、それから附属学校に関わるためには自分自身の研究が実践に近いものでなければいけないし、また大学教員が学校現場の技術的なレベルのことまでわかっていないと、実際の教育に関わるのは難しいわけです。そういうこともあって、大学の教員と附属の関係は、なかなかうまくいっていないというのが実情です。大学側と附属学校は互いに協力して実践研究を進め、附属を活用して大学教育をしっかりやっていくという建前ですが、実際には、大学側は附属での経験は役立たないとか、時には金食い虫だと思っていて、附属学校の方は大学が何か言ってくるのは調査に協力しろというときだけで、附属学校の教育を良くしていくということについては何も関わってくれないと、互いに文句を言うことが多いのです。互いに無関心、無関係ということも多いでしょう。大学の一部の教員が附属学校とつながっているというのが実際で、大学全体が附属学校とうまくかみ合っているということはめったにないのです。そういう意味では、これは教育学部が抱えている大きな問題点の一つなのですが、単に問題だというだけではなくて、教育学部が実践的に役立つ養成教育を進める、教育学部に属する研究者が実践的な研究を中心とした研究者としてやっていけるようになる試金石として、大学と附属との関係が問題になるのだと思います。

そういう意味で、これからの5年間、10年間における教育学部の改革・再編の問題、特に国立の教育学部と附属学校との関係の問題、それからまた、大学教育をおこなう教員になっていく人たちを養成する教育系の、特に研究者養成を主眼とする大学院大学の問題を真剣に考える必要があります。現在、学校現場の教師が大学院に現職のままで進んで修士号や博士号をとるケースが少しずつ出てきていますが、そのときに、学問的な水準をきちんと保ちながら同時に実践的であるということをいかにして可能にするかが、問題になります。教育現場をベースとした修士号や博士号の学問的な水準と実践性の確保の問題は大きいと思いますし、さらにまた、実践に関わる論文を学問的にもしっかりしたものになるようきちんと指導できる大学教員は少ないと思うのです。これからの数年間で、本気で整備しなくてはいけない問題だと思っています。

第12章 初めて現場に関わる研究者のために

最後の章で、全体のまとめをしたいと思います。特に、初めて学校現場に関わる学生や研究者を想定して、では何から始めていけばよいのかという形で整理したいと思います。ここで言っている学校現場というのは、私の経験してきた範囲のことなので、おおよそ保育や小学校教育に限られますが、しかし他の現場にも通じるはずのことだと思います。研究や実習等において現場に関わろうとするときのポイントについて論じたいと思います。

現場に相互的に関わる

学生や研究者が現場に行くとき、現場の保育者や教師との関係の組み方にはいろいろなやり方があるし、これから私が話すものが唯一ではありません。たまたま与えられた条件や得られた関係の中でやるわけですので、一概には言えないのですが、なるべく共通する基本的なスタンスについて述べようと思います。

単に大学教員に連れられて現場に見学に行くということもあるでしょうが、基本的には、一回限りの見学ではなく、もう少し継続的に関わる場合について取り上げたいと思います。この場合、一つは、正規の意味での調査や観察、面接といったタイプのものがあります。もう一方で、参観といったところから発展するいろいろな協働関係があるでしょう。

調査をするにしても参観するにしても、いろいろと見ることが確保されるように現場との相互的な関係を作り上げていくことが基本的に大事です。そのためには、たとえば、観察のあとで必ず何らかのメモを渡すとか、感想を言う、記録をつけてそれを見せるということが必要だと思います。

もう一つ大事なことは、現場から学ぶという姿勢です。現場から学ぶという姿勢が感想などのベースにあることが必要だと思うのです。別に現場の教師をほめ称える必要はありません。自分が参考になったと思うことを記せばよいわけです。そこから学び取ろうとする基本的な姿勢が大切だということです。一言で言えば、悪口を言うなということでもあります。世の中の保育・授業実践が１００パーセントすばらしいということはなくて、たまたま連れて行かれて参加した現場の教師が本当にすばらしいということもあるとは思いますが、そうではないこともあるでしょう。大部分の保育や授業実践というのはそこそこであり、良いところもあるだろうし悪いところもあるでしょう。ですから、批判することはそんなに難しくないのですが、しかし、基本的には教師の側は、学生や研究者に自分の授業を見せる理由がないのです。研究授業なら別ですが、教師にとっても子どもにとっても、見られることには負担があります。でも、何か研究や勉強に役に立つと思うから公開してくれているわけで、それ自体がすでに、研究者側、学生側が感謝すべきことなのです。ですから、最初から対等ではないのです。相手の良いところを見つけよう、学び得るところを取り出そうという構えが大事になります。

現実の授業を、理想型に照らして批判することは簡単です。教育学などの授業で理想的なあり方を学ぶと思います、それに照らすと、現実の授業はずっといい加減に進んでいるわけです。ですから、こういうところが下手だとかまずいとかはあることでしょう。見る側はそういうことが気になって、たとえば、子どもを無視していたとか、子どもの発言を誤解していたとか指摘したくなります。ですが、第一の姿勢としては、教師の工夫したところとかよいところを取り出していくべきだろうと思います。第一段階としてはそういうことをせずにいきなり批判を出しても受け入れられないだろうということと、それからもう一つは、授業を見せる場合、その教師なりの工夫がたいていどこかにはあるのです。見せる以上は気合いを入れてやりますから、その工夫が、成功しているかどうかは別としてあるわけで、そこのところを見ている側がとらえた上で、いやでもそこは空回りしているとか言ってくれれば納得できるわけです。そうでないと、なかなか批判されても受け入れにくいのです。

実際、一回や二回授業を見て批判されても困ることがあります。特定の子どもの発言を無視したというふうに見えることがあるとしても、しかしその子どもが普段どうであるかという事情まで考えないと、何がその子どもへの応対として適切かわからないでしょう。たとえば、普段多動でしょっちゅう席を離れてしまう子どもが、その日はたまたま席に着いていて、でも変な発言をしたとして、それを教師が無視したとします。その無視はよくなくて、発言を取り上げるなり、正すなり、あるいは注意するなりすべきかもしれませんが、普段の状況との関連から言えば、そうするのが正しいやり方か微妙なところがあります。そういう具合に、普段の流れを知らずにうかつなことは言えないということもあるわけです。

ですから、授業を見たときにはほめた方が無難だというのは、世間知のようなことでもあるのです。しかし同時に、ほめそやせばよいわけでもありません。批判ばかりというのもよくないのですが、ほめるばかりもまずいのです。世の中の保育・授業で、そんなに絶賛するようなことが起きているわけはないのです。ちょぼちょぼなのです。ですから大したことのない授業をやたらに日本一みたいにほめられても、言われる側も返答に困ります。学生の感想を見ても、学校の教師たちが附属に見学に来たときの感想を聞いても、わりとほめることが多いようです。本気で感動したのならそう言えばよいと思いますが、おざなりにほめることも結構あります。心にもなくてもお世辞は有効ではあるとは思いますが、ほどほどでよいわけで、やたらに言うことはないわけです。

では、何を言ったらよいのでしょうか。なるべく子どもの具体的な行動の事実に即して言うのが一番確かだし、無難でもあるのです。この子が教師にこう言われたときにこういうことを言って、こういうふうにして、そこは良かったと思うなど。なるべく具体的に発言すると、たまには担任教師が気づかなかったことを指摘してくれてありがたいと思うこともあるし、あるいは担任教師が知っていたことであっても、ああ、そういうふうに見えたのか、と具体的にわかります。だから、できる限り具体的に述べるという習慣を作っていくとよいと思います。そうすると、ほめるにしても、子どもが生き生きしていてよかった、目を輝かせていた、みんな元気でよかったとかという毒にも薬にもならない発言ではなくて、教師がこういう教材を出したときに、なんとかちゃんとなんとかちゃんは、急に顔を上げて一生懸命見ていたと具体的に言えば、もう少し授業の具体的な様子がわかります。記録も、こういうふうに具体的にとることに習熟していくとよいと思います。こういう作業から、だんだんと実践とのつながりも出てきます。

授業のリフレクションへ

授業の見直し（リフレクション）を集団的におこなう工夫があります。何人かの研究者が提唱していて、今日本中に広がっています。たとえば、私がある小学校で一緒にやっているやり方は（京都大学にいて亡くなられた藤岡完治さんのやり方を引き継いだものです）、大きな模造紙に授業のスタートから終わりまでの1時間を適当に区切る線を引いておいて、参観者がポストイットにメモを書いて該当する時間帯のところに貼るというものです。ポストイットの中身は評価ではなくて、できる限りそこで起こったことを書くようにします。子どもの発言とか教師の指示であるとか、そういうたぐいのことを書いていきます。さらにこれを構造化すると、ここには教師のこと、ここには子どものこと、子どものグループのことと、貼る位置を分けることもできます。これをあとで見ながら話し合って、授業の流れを把握し直すという形で授業研究会をおこなうやり方です。これはポストイットを使ってのある種のリフレクション、つまり振返りのやり方です。あるいはビデオに撮って見直してもよいし、ポストイットなどを使わずに単に教師や観察者が口頭で、「こういうことがあった」と話し合いをしてもかまいません。

リフレクションをおこなうポイントは、すぐ授業の良し悪しに行くのではなくて、できる限り授業で実際に何が起きているかに即して、具体的に考えることにあります。学生が授業について学ぶときにも、基本は同じではないかと思います。できる限り、授業の具体的な一コマ一コマをとらえられるようにします。逆に言えば、一時間の授業を見終わって思い起こしたときに、一コマ一コマの流れが再現できるようにするということです。優秀な実践者・研究者になってくると、相当の量を再現します。ビデオやテープレコーダーを使えば正確ですが、使わなくても「あのときに何々先生がこう言ったときにAくんがこう言って、Bくんがこうして、Cくんはこんなふうにやって」と、細かく再現します。こういう作業というのは、自分がテープレコーダーになったような感じです。最初のうちはあまり楽しくなく、しかも授業のポイントが見えないのでベタで記録していかなくてはならず、なかなかしんどいところがあります。

それをさらに本格的な研究としての観察にもっていくためには、たとえばビデオに撮ってビデオ起こしをしてみるという訓練を入れていくとよいでしょう。そこまでいかなくても、授業を見ながらメモをとるということを具体的にやっていくということです。授業研究会などで授業をリフレクションして分析していくということは昔からありましたが、日本全体に広がってきたのはここ十数年ぐらいのようです。それ以前は授業の一コマ一コマを丁寧に見るということがなかなかおこなわれにくかったのです。やっている人はいましたけれども、多くの学校に広がるところまではいかなかったと思います。つまり価値判断が先行して、この授業は良かったとか悪かったとか、がんばったということで済んでいたわけです。今でもそういう研究会がかなり多いと思いますが、それをなんとか変えていく必要があります。まして教育研究者であるならば、具体的なところで指摘できるようになっていかなければならないわけです。

教師から話を聞く

もう一つ、学生や研究者は、教師から話を聞くということが大事だと思います。かしこまってインタビユーする必要はありませんが、教師と話すということです。つまり、客観的に授業で何が見えているかということと共に、教師としてはこういうことを思ってやっているのだとか、こうしようとしていたんだとか、結果的に子どもがこうしたから変えてしまったんだとか、そういう教師の見方を聞き取るということです。これは、よくしゃべってくれる教師もいるし、そうでない教師もいて、難しいところがあります。公式的な研究会で滔々と話せる人もいますが、そういうところではほとんど語らない人たちも多いのです。何らかの意図はあっても、それが実現できたかと聞かれると自信がないから偉そうなことは言いたくないということもあります。研究会で自分の授業について詳細に、丁寧に語る人は少ないのです。けれども、そういうことを聞いておく必要があります。

授業では必ず、その教師なりの工夫とか勘どころがあるわけで、この辺を今日は工夫してやってみようと思った、だけどあとのところはだいたい世間でやっているようなことを踏襲しているうんぬんです。そこをとらえる必要があるし、教師としてはそれがうまくできたと思うとかうまくやれなかったとか、この辺はおもしろくなったとか、いろいろとあるはずです。

それから、観察では何をやったかは見えても、当たり前ながらやらなかったことは見えません。授業をする前にどうしようかとあれこれ考えたけれども、結果的には授業案としてはこっちを選んだというときに、それは別のやり方を採用しなかったということです。たとえば授業の導入のときに教師が説明するのか、教材をいきなり持ち込むのか、子どもに何か活動をさせるか、いろいろな選択肢がある中でどれを選ぶかというとき、そこには決定的なものはないので、どういう選択肢の中からそれを選び出したのかは、教師に尋ねないとわかりません。何も考えずになんとなくやったのか、手だてをあれこれ考えた上で今日はこっちを選んだのかは、一時間の授業で決定的な違いをもたらすかどうかはともかく、長い目で見ればその教師の成長にとって意味のあることです。ですから、そういうことを聞いてみる必要があるわけです。

さらに、教師のライフヒストリーをとらえていくことに進むとよいでしょう。ライフヒストリーと似たことばに、ライフストーリーがありますが、ライフストーリーというのは自分の人生や生活について自ら語ることです。自分はなぜ教師になったか、自分はなぜこういう問題に取り組んでいるのかとかです。

こうして語られたライフストーリーが、その人のキャリアとしての生き方、つまり教師となってどう生きてきたか、教職という仕事への関わり方の中でどういう意味をもったかということに位置づけられたときに、それをライフヒストリーと言います。ライフヒストリーを知ることは、授業の中で教師がどういうことを考えるか、何を思うかということの背後にある、教師としての生活を知ることでもあります。

教師であることには、さらに、たとえば、学校という組織のあり方も関わってきます。学校においては、校長とか教頭とか主幹とか主任というタテの管理組織がありますし、担任をもつとか専科教員であるという役割の違いがあります。教師は授業だけをやっているわけではなく、さまざまないわゆる校務分掌という学校の仕事の分担があります。また授業にしても、算数や国語等々だけではなくて、総合的な学習も特別活動もあるでしょう。さらに授業というのは子どもを指導するだけではなく、それとからんで保護者との対応も必ず生じます。授業は自分で責任をもって指導するにしても、同時にまわりの教師との連携があります。特に一学年に複数クラスがあれば、進度をそろえていかなくてはなりません。さらに、授業というのは教科書を使用する義務があるので、原則として授業で参照します。もちろん、教科書に相当する内容を他の教材でやってもよいのですが、通常は教科書を使うことになっています。その上に、最近は学力テストなどでチェックされたりするので、試験で一定の点数をとれるようにもっていかなくてはなりません。教師はいろいろな制約のもとで動いています。そういうことを理解していないと、たとえ一時間の授業であっても、教師がどこで工夫しているかということは見えにくいのです。そういった事情も、研究者はわかっていく必要があります。

現場にいるという感覚

そういうことを含めた上で、現場にいるとはどういうことかというある種の感覚を身につける必要があります。小学校の教師、幼稚園の教師、保育園の保育士、あるいはまた、違う現場である病院の看護師、大学の教師も、それぞれがある種の現場にいるわけです。そこには独自の現場感覚があり、それはその中の人にとっては当たり前なので、わざわざ誰も言わないし、対象化しにくいものです。

たとえば、大学教師はいろいろな意味で特殊ですが、その特殊性の一つに、大学教師には通常個室が与えられているということがあります。すべての大学がそうだというわけではありませんが。そういう習慣に慣れた人間がたまたま会社とか役所とか学校を訪れると、そこではたいてい、大部屋の中に机があり、そこで大勢が働いています。私は大部屋で働いたことがないのでよくわかりませんが、大部屋で働くのはしんどいのだそうです。大部屋だとさぼれないということもあるかも知れませんが、それ以上に、いつも上司やまわりからチェックされているという感じがあって、疲れるのでしょう。ときどき、大学の人間は研究室で遊んでいるのではないかと疑われているかもしれないと思いますが、実際さぼってインターネットで遊んでいても、他の人にはわからないのです。通常は、大学ではチェックなどしないと思います。大部屋だと、パソコンで何をしているかが、そこを通った人に見えます。

小学校では、先生は授業以外は職員室で過ごすことが多く、たいてい大部屋です。もっとも、中学高校の場合は、教科ごとに準備室があり、たいがい先生たちはそこに住み処を作っていたりします。理科の教師は理科教室の横に準備室をもっていて、ほとんどそこで仲間内で過ごしているわけです。そういうところにときどきおしゃべりしに行ってみると、大学の研究室より広かったりします。ともあれ、ずいぶん感覚が違うわけです。だから、個室があって一人でいられるということが決定的かどうかはわかりませんが、こういうことによる感覚の違いがあるということです。

勤務時間や勤務形態の制約もあります。大学の人間は緩やかなことが多いですが、職場というのは普通は、朝8時から何時までとぴしっと決まっています。小学校や中学校で問題なのは、昼休みの休憩がとれないことです。子どもが給食を食べるので、通常給食指導をしなくてはいけません。給食を食べているときに、子どもだけにしておくわけにはいかないのです。そうすると、昼休みといっても、実は仕事をしていて、昼休みの分の休憩時間を夕方にとるとか奇妙なことになります。実際にはそうそう休めないわけで、ベタに働いていることが多いのです。

保育園と幼稚園、小学校でも違いがあります。たとえば保育園の場合には、普通複数担任で、ふたりの保育者が協力して一つのクラスの面倒をみるという方式です。そうするとそのふたりの保育者が仲良くできるかどうか、ということが重要です。それに対して幼稚園や小学校では、通常は自分のクラスは一人でやっているので、まずくいくと学級崩壊の状態になってしまいますが、うまくいっていれば自分がすべてを仕切れるわけで、楽しくやれるわけです。どちらが良い悪いということではなくて、職場としての違いがあるわけです。こういうことも、誰もわざわざ指摘しないけれども、現場のあり方としての意味があるのです。

もう少し付け加えると、学校では授業と休み時間というリズムがあります。休み時間にも一応監督していなくてはならないのですが、教師としてはそこで一服できるというか、最近は校内ではタバコは吸えませんが、お茶ぐらい飲めるとか、ちょっと別なことができて、気が抜けるわけです。幼稚園の保育者にはそういう休み時間は存在していないわけで、保育時間中ずっと続いていくわけです。どの程度緊張感があるかないかは子どもの状況で変わるので、どっちが大変とは一概に言えませんが。でも、感覚はずいぶん違います。

実際、小学校の教師は意識を集中してこれから授業をするという構えで気合いを入れていくと思いますが、幼稚園の保育者の感覚というのは、自分のクラスの子どもがあっちに行きこっちに行きするので、かなり注意を広げて、いわば拡散的な感じで振る舞っていくのだろうと思います。ひとくくりに幼稚園とか小学校とか言っていますが、特定の小学校なり特定の幼稚園のもっと細かい決まったやり方があり、それにともなう感覚もあることでしょう。また、園長や校長が厳しい等々で雰囲気が変わってもきます。高校でも、いわゆる困難校であるか進学校かで相当に緊張関係や緊張の方向が変わるので、そういったことによっても現場感覚は異なってきます。

ですから、現場において観察、面接、質問紙等で調査をするというとき、その前に現場にしっかり馴染んでおくべきです。その上でデータを解釈できるという状態にしていくべきであろうと思うわけです。一言で言えば現場を知る、現場の教師との信頼関係を作る、そういうことになりますが、その積み重ねが大事なことであって、こういうことを一通りやるには数年はかかるのではないかと思います。

現場の流れと研究の流れの間の関連

現場との関係を築きつつ、その上で研究を進めていくわけですが、研究は、心理学なり教育学なりの学問の流れの中に成り立っています。私の研究の以前にこれこれの研究が展開されており、その結果としてこのことを調べることが必要だから研究するのだという理屈を立てるのが論文の書き方の基本です。

それに対して、現場側には現場の事情があり、流れがあります。学校現場なら、指導要領が変わるなどの事情で新しい問題が生まれたり、あるいはそういうこととは無関係に現場としてのさまざまな問題が生まれていきます。たとえば、今時で言えば、学力アップのために習熟度別に授業をしなくてはいけないのだけれどもどうしたらよいだろうかとか、新しく小学校で英語を教えなくてはいけないのだけれども何をどう教えたらよいだろうかとか、あるいは発達障害を抱えた子が自分のクラスにいるのだけれども、それに対してどう対応したらよいのだろうか等々。たとえば、小学校2年生の子どもがよくクラスから飛び出すので、担任の教師がその子を押さえつけて教室に戻そうとしたら、その子どもに頭突きされて、その後どうも胸が苦しいと思って医者に行ったら、肋骨にひびが入っていたということを聞いたことがあります。そういう具合に暴れ回る子もいるわけで、そういうときどうしたらよいでしょうかと尋ねられても返答しかねるところもありますが、たとえばそういう問題もあります。

学問の流れと現場の流れは相互に影響しあってはいますが、別のものです。たとえば今述べた発達障害の話などは、典型的に学問レベルの話が現場に影響している例だと思います。このような子どもに対する特別支援教育が本格的に推進されていますが、その前に注意欠陥多動性障害（ADHD）や学習障害（LD）やアスペルガー症候群といった発達障害の研究の積み重ねがあって、またその研究者と共同する現場の教師の実践から、そういう子どもたちの状態が把握されてきたのです。普通の小中学校にもそういう子どもたちが少なくないことが見いだされ、学校現場としては今までいろいろ変な子がいるなと思っていたのに名称が付与されます。ラベル付けされるだけではなくて、そういう子どもたちだとすればこういう対処のしかたがあるという形で、ノウハウが提供されます。同じように多動性があるといっても、アスペルガー症候群から来ている場合とADHDから来ている場合には、その対応のしかたは相当に違います。そういう知識が研究者側から提供されます。現場からは、頭突きされて怪我をしたという事例が提供され、研究者と現場の話し合いの中でいろいろとノウハウが作られていくのです。

こういう例もありますが、しかし、現場の実践に対して研究者側がきちっとした知見を提供できることは実際にはそう多くはありません。たとえば習熟度別編成とか少人数学級をどうするかについて、研究者はそう簡単には指針を提供できません。研究そのものが多いわけではないし、微妙で難しいところもあるわけです。小学校英語をどうするかという研究もある程度あり、やり方をかなり現場に提供できますが、しかし、研究側で理想的に提供する話と現場の制約の中でやれる話は大きくずれます。ネイティヴスピーカーの教師を置いて日本人で英語がかなりできる教師もチームとして加わり、教材はこれこれを用意して、週に3時間ぐらいやったらよい効果があがりますよ、と研究者が言ったとしても、現場としては、担任の教師は英語がよくわからないし、ネイティヴスピーカーの補助教師（いわゆるＡＬＴ）は月に一回しかこないし、教材も教材費もろくに予算がついていない上に授業時間も週に一時間もないといったそういう制約の中で、「どうしたらよいのですか」と詰問されるでしょう。そういうことを知りたいのに、理想論を出されても全然使えないというズレがあります。現場と研究という二つの間は、このように違っているわけです。

現場の概念をどう吟味すべきか

もっと深刻な意味で違うのは、ことばです。現場の中でさまざまに愛用されていることばがあります。たとえば、教育界では、主体的とか個性とか「生き生きして」とかよく言いますが、こういうのはよくわからない概念です。学力ということばも、そんなによくわかっているわけではありません。まして、「生きる力」といったものは茫漠としたものです。それに対して、そういう曖昧なことばを使うべきではないというのも研究者からの一つの提言になり得るかも知れませんが、おそらく現場としては、確かに曖昧だけれど、なんとなく「あんなこと」を指す、そういう種類のことばを使う必然性があるのだろうと思うのです。「生きる力」というのは文部科学省が言い出したことばですが、他にもさまざまな出所のことばが現場で流通していて、そういう概念をもとにしながら教師たちは授業を生み出しているわけです。

たとえば「個性」ということばがありますが、個性って何ですかと心理学者として聞かれたなら、一応答えることはできますが、実はよくわからないのです。では、こういう概念は無意味なのかというと、たぶんそうではないでしょう。学校現場でのある種のことを指していて、学校の実践を成り立たせる、あるいは学校の実践を改善していく際のある種の重要な役割を果たしていることばでもあるのだろうと思います。「子どもをより主体的にしたい」とか「子どもの個性を活かしていきたい」、「子どもの個性を育てていきたい」といった種類のことは、まるで無意味なうわごとではないでしょう。意味のあることとして理解した方がよいと考えます。それはしかし、主体的ということばの定義を辞書を開いて探してもほとんど意味がないし、個性ということの定義を心理学の本に探しても、それは出ていません。おそらくそういう概念は、学校現場において使われている様相とか、文脈、そのことばを使うことによって学校の教師や学校に関わる行政の人たちが何を伝えようとしているかということから解明する必要があるわけです。

学力ということばもそうです。学力検査があるのに、学力という概念が曖昧では困りますし、学力検査は学力を測定するのだから、明確に定義されているはずですが、しかし実は、学問的には定義するのが困難です。少なくとも学者の間に定義の一致はないと言ってよいでしょう。『教育評価事典』（図書文化社）の「学力」の項目を見ても、よくわからないなりに、こういう使い方もあるという形である程度解説はされています。こういう事情であるのに学力検査するとか、学力が上がったとか下がったとか言うのは、厳密に学問的に言うと不具合なところがあります。

現実の文脈の中での検討

しかし学問で精密に定義されて現実が動くわけではなく、現実が先にあるわけで、学問はそのうちの一部しか解明できないわけです。まず現実の中で、それぞれのことばがどういう働きをしているかを解明する必要があります。つまり、現場のいろいろなことばは、教師、校長や指導主事、文部科学省の役人などが、その現場で何をさして言っているのか、そのことを理解しなくてはいけないのです。もう一つは、それぞれのことばがその文脈全体の中でどういう働きをしているかという分析が必要です。そういう作業は現場の人は通常やらないものです。いくら現場の人に「あなたは主体的と言うけれども、どういうことですか?」と聞いても、きちんとした答えは返ってこないでしょう。学問的な概念でない以上、研究者に聞いても答えは出てきませんが、現場の人たちの、しかもそういうことばを愛用している人たちに聞いてもよくわからないのです。それはつまり、こういうことばは机上で定義されて明確になる種類の概念ではないということです。

学者は、私なども含めて、概念やことばを定義し、明確にしてはじめて、安定してそれらを論文の中で使えると考えやすいし、大学院の指導教員なども常にそういう指導をするのですが、それは半分だけ正しいのです。その論文の中で概念規定をして、その定義に従ってその概念を使うべきですが、しかし、教育に関わる全体で見ると、その定義はおそらく使用法の一部でしかありません。だから、現場においては、定義を明確にして使うべきだと提言しても意味がないでしょう。多くの人は定義なんて関係なく使うのですから。

したがって、こういった概念の実際場面における使用法の分析が必要です。公式文書とか、マスコミでの言説の分析はありますが、現場におけることばのリアルな使われ方に即して検討しているものはまだ少ないでしょう。むしろ、勝手に意味を取り出して「こうだ」と決めつけたり、あるいは、定義がいい加減だと非難する研究者が多いようです。そうではなくて、こういう用法があるので、この場合にはこういう意味ではないかということを丁寧に記述する作業は少ないと思います。

その一方で、学問的な分析とそれにもとづく概念体系があるのだから、それと現場の用法との間の関連を作っていく必要があります。これがややこしいので、そこのところをあまり丁寧にやる人がまだいないのではないでしょうか。個性なんて知らない、主体性などわからないと、心理学者のくせに無責任なことを述べましたが、それは半分は責任回避の発言というべきでしょう。個性なり主体性なりを解明し記述する学問的蓄積が心理学にまったくないというわけではありません。これまでに蓄積された知見を組み合わせれば、現場で使っている個性という概念のいくつかの側面について光を当てることができるはずです。そういう形で、作業を進めるべきではないだろうかと思うわけです。

しかしこのような作業は、まだほとんどおこなわれていないと思います。教育において使われている多くのことばや概念の分析を、最近では言説分析と言いますが、その多くは必ずしも私がここで述べてきたことに深く分け入っているわけではありません。メディアにおける言説の分析にとどまっていると思います。いろいろな人が本や論文、新聞雑誌等で述べていることを分析していて、本当に現場の実践と関わるところで使われている、生きた概念そのものを取り出して分析してはいないという感じがします。いくら解説や総論的な話について分析しても、現場の中に迫ることはできないでしょう。現場にとって大事なことばは、現場の「あのことをこう変える」ということとのつながりで理解されていくわけです。そこのところを切り捨ててしまったら、宙に浮いた概念となってしまいます。

もちろん概念は一人歩きしやすいので、ことばにことばを重ねる中で発展して、概念規定が成り立ちもしますから、いわゆる言説分析も重要な意義を担っています。しかし、現場に関わり現場を理解する観点でいうと、ことばをどう現場とつなげながら理解するかということが問題になるのです。現場感覚というものを持ち込むことによって、現場と研究の二つをつなげることが可能になるはずだということを提言しているわけです。

現場と学問の関連の二重の再構築へ

そういうことを指して、私は現場と学問の二重の再構築と言いたいと思います。一方で学問研究を再構築し、もう一方で現場の実践とそこでの言説を再構築していく必要があります。ちょっと大げさで気恥ずかしいのですが、でもたぶんこの表現が適切でしょう。要するに学問においても現場においても、それぞれの流れの中で特定のことば、概念が使われているわけですが、その意味を作り直してみようということです。作り直すというのは、「私はこう使いたい！」と宣言することではなくて、実際の現場の用法に沿いながら、実践者も必ずしも自覚しないような、概念のある種のふくらみのようなものをどう取り出すかということです。

たとえば、小学校2年生の担任の教師が、ある子どもがハキハキ答えるのだけれども、どうも安易な答えなので、「あの子をもう少し主体的になれるようにしたい」と言ったときに、その教師が考えている主体性というのはどういう意味ですかと教師に聞いてもわからないのです。「いやまあ、それはだから、主体的にというか、自分でちゃんと考えてほしいとか、何て言うかなあ」といった曖昧なことしか言わないような気がします。しかし授業の実際のところに照らしてみれば、「あの子のこういうところをもう少し出したいのかな」とわかってくるわけです。それはなんとなく、授業を見ていると「あのことだな」とわかるのですが、研究者としてはただ「あのこと」だとわかるだけではなくて、それをことばとして明瞭に取り出していく必要があると思うのです。

研究者は、現場のことばを明確に取り出して言い換えてみるのと同時に、それが研究のことばとしてはどのように言えるのだろうかということを考えてみるという、二重の作業を必要とされているわけです。現場の教師たちに通ずることばとして言い換えてみたらこういうことだろうということと同時に、心理学なり教育学なりの学問の体系にとってどういうことなのかを明確にしていく作業が求められます。単に、現場で言われていることを学問のことばに翻訳したり、あるいは逆に心理学や教育学の概念を現場のことばにやさしく言い換えるということではなくて、現場の実践の中ではっきりとは言われていないけれども、ふくらみとして周辺に、また背景としてあるもの、それを取り出しながら、現場のことばを作り直していくと同時に研究のことばを作り直していくのです。相互に影響しながらもこの二つの流れはイコールではないので、この二つを共におこなう必要があると思います。

こういう作業は長い年月をかけて研究してもなかなかできない難しい課題だと思いますし、完璧にやることはきわめて困難です。しかし研究者は、現場に関わり始めたその瞬間から、この二重性の問題に直面せざるをえません。学校の教師と話すときには、彼らのことばを使わざるをえません。しかし同時に学問においては、学問のことばで話さなくてはいけないわけです。そうすると現場に関わるということは、この二重性に生きるしかないわけです。それはつらいことです。切り替えが上手な人はよいとしても、普通はなかなかつらいものです。うっかり研究のことばを使ったら、現場の教師がぽかんとしてしまったり、「やっぱり難しいことを言う人だ」と言われて急に距離が遠くなってしまったりするでしょう。あるいは逆に、大学のゼミに戻って現場で言われている発言のまま、子どもを主体的にうんぬんなどと言ったら、指導教員から「そんな馬鹿なことを言うなよ」とたしなめられ、まわりからバカにされかねません。十分にあり得ることです。そういうズレが絶えずあるわけです。

では、二重に生きる切り替えが上手な方がよいかというと、必ずしもそうではありません。現場に行ったとたんに教師と同じ立場になれて、大学の門を入った瞬間に研究者のことばにくるっと変え、研究者として語れるとして、それはある程度は必要なことですが、あまり上手に切り替わると、学問と現場の二重性の交互作用が起こらないでしょう。別人になってしまえば、分裂したままに過ぎてしまいます。ですから、器用にやりすぎてもいけないわけです。ある程度不器用に、こちらでやっている話がついあちら側に影響してしまう、うっかり間違えてあちらのことばをこちらで使ってしまうという混乱が多少起こりつつ、二重にやっていくしかないわけです。

単純に研究だけで生きている人が良い研究をし、単純に現場の中でやっていけばよい教師になるのかも知れません。この二重性に生きることによってもし何か良いことが生まれるとするならば、それは、現場の実践とからみながらしかし現場の実践だけ考える人に比べると学問的な背景が入り込むような、また研究活動だけで考える人に比べると実践的な知恵が含み込まれるような、何か新しい営みが生まれるかもしれないということです。本当に生まれるかどうかはやってみないとわかりません。今できることは、そういう可能性を信じて、あるいは目指して、現場に関わるという作業をしていくことしかないだろうと思います。一緒に歩んでくれる人が一人でも出てくることを期待して、本書を閉じたいと思います。

著者紹介

無藤　隆（むとう たかし）

1946 年生まれ。東京大学教育学部卒業、大学院で教育心理学を専攻。その後、東京大学新聞研究所、聖心女子大学、お茶の水女子大学を経て、現在、白梅学園大学学長・教授。発達心理学・教育心理学を専門とし、特に、幼児教育・学校教育への応用を行っている。教育現場への助言活動も行う。教育行政関連の委員としての活動も多い。日本発達心理学会や日本質的心理学会の理事長でもある。著書は多数。

現場と学問のふれあうところ
教育実践の現場から立ち上がる心理学

初版第 1 刷発行　2007年10月25日

著　者　無藤　隆

発行者　塩浦　暲

発行所　株式会社　新曜社
〒101-0051　東京都千代田区神田神保町 2-10
電話(03)3264-4973㈹・Fax(03)3239-2958
e-mail　info@shin-yo-sha.co.jp
URL　http://www.shin-yo-sha.co.jp/

印刷　星野精版印刷　Printed in Japan
製本　明光社
ISBN978-4-7885-1072-2 C1011